U0500691

東洋的な見方

东方的智慧

[日] 铃木大拙 著　　陈文佳 译

北京联合出版公司
Beijing United Publishing Co.,Ltd.

目录

译者序

佛教自东汉明帝永平十年（67）传入中土以后，一度在民间秘密流传。至桓、灵时期，出现了安世高、支娄迦谶两位译经高僧，分别将小乘与大乘经典译为汉文，为后世佛教的发展奠定了基础。迨至魏晋时期，佛教在民间更为普及。据《隋书·经籍志》记载：“魏黄初中，中国人始依佛戒，剃发为僧。”佛教在南北朝时期得到了大力弘扬。一方面，鸠摩罗什、佛陀跋陀罗等高僧来华传教，翻译了大量佛教经典；另一方面，拓跋氏入主中原后，接受了佛教思想，希望借此教导民俗。自北魏太祖拓跋珪以降，北魏历代统治者大都礼敬佛徒沙门。太武帝拓跋焘继位之初，每引高德沙门，与共谈论。后转奉道教，并亲受符箓，认为佛教系“西戎虚诞”，于是转而禁佛。至太武帝太孙拓跋濬继位，诏复佛法，佛教方得以恢复。北魏灭亡以后，北周武帝又下令灭佛灭道，僧尼道士并令还民，经像法器悉数毁坏。直至隋代后，文帝杨坚才重新恢复了佛教。在南朝，梁武帝萧衍笃信佛法，先后四次舍身出家，均由群

1

臣捐钱赎回。梁武帝以前，汉传佛教并无断肉之法，武帝依据《大般涅槃经》，颁布了《断酒肉文》，禁止僧众食肉饮酒，自此开启了汉传佛教素食的传统。西晋末年衣冠南渡，大量僧侣南下传法，佛法兴盛直至陈朝。净土宗、天台宗亦随之发扬光大。自东晋至南朝，历代帝王皆大力建造佛寺，供养僧侣。

传说禅宗初祖菩提达摩于南朝刘宋时，乘船到达广州，从学于中天竺出身的译经高僧求那跋陀罗，后以四卷《楞伽经》传授徒众。梁武帝遣使迎达摩至建康，与其谈法。武帝询问达摩自己有何功德，达摩答曰"并无功德"，两人话不投契，达摩遂离开江南，游于北魏，于是就有了"一苇渡江"的典故。达摩于嵩山少林寺面壁九年，称"壁观婆罗门"。这之后，达摩将禅法传于二祖慧可，再传至三祖僧璨、四祖道信、五祖弘忍、六祖惠能。楞伽宗（初期禅宗之别名）得以在中国北方落地生根，成为一个独特的门派。不过，彼时禅宗尚未普及，一直依附于律宗。直至唐朝中期，才有了正式的禅寺。

唐祚初建，高祖李渊于武德九年（626）颁《沙汰僧道诏》云："京城留寺三所、观二所。其余天下诸州各留一所。余悉罢之。"太宗李世民继位后又多次沙汰僧尼。不过，玄奘法师以"五不翻"的译经标准翻译的《般若波罗蜜多心经》《药师琉璃光如来本愿功德经》《瑜伽师地论》等广为流传，形成了以佛法研究与实践为宗旨的法相宗。武后临朝时期，崇佛抑道，华严宗由此兴起，禅宗也得以发扬光大。禅宗南宗的创始人惠能主张"直指人心、见性成佛"的顿悟，而北宗的神秀则主张渐修。开元二十年（732），惠能的弟子神会于河南滑台大云寺设无遮大会，与神秀的门人崇远论战，指斥神秀一门"师承是傍，法门是渐"。此后，南宗日盛而北宗渐衰，南宗得以确立为中国禅宗之正统。惠能主张"教外别传、不立文字"，提倡"心性本净、佛性本有、直指人心、见性成佛"，这是世界佛教史尤其是中国佛教史上的一次重大改革。惠能以后，禅宗广为流传，于唐末五代达于极盛，对中国文化的发展产生了重大的影响。

安史之乱以后，肃宗、代宗、德宗、宪宗、懿宗诸帝均笃信佛教，除代宗以外，上述诸帝均曾迎奉佛骨舍利入宫供养。其中尤以元和十四年（819）宪宗欲迎奉凤翔法门寺护国真身塔内的释迦牟尼佛指骨入宫，为时任刑部侍郎的韩愈上表极力反对一事最为著名。韩愈谏迎佛骨触怒了宪宗，被贬至"瘴疠之地"的潮州，可谓以失败告终。然而，二十余年后的会昌五年（845），唐武宗因寺院经济过度扩张，影响国库收入，在亲信道士的鼓动之下，敕令毁佛。不到一年时间，共拆毁寺院4 600余所，勒令还俗僧尼达260 500人，没收良田数千万顷，奴婢15万人，史称"会昌法难"。尽管武宗死后，宣宗又恢复了佛教，然而声势浩大的灭佛运动使得寺院产业被剥夺，庙宇废毁，僧尼还俗，经籍散佚，佛教不可避免地由极盛走向了衰微。

迨至五代十国时期，北方的周世宗柴荣为统一天下，敕令停废无"敕额"（即皇帝御赐之匾额）之寺院，毁佛像法器以铸造铜钱。至宋代，佛教只剩下禅宗、净土宗与天台宗。其中禅宗受到士大夫的青睐，净土宗则深植民间。除徽、钦二帝以外的北宋历代皇帝对于佛教均采取有所限制的扶植政策，佛教因此得以稳定发展。徽宗赵佶崇信道教，于宣和元年（1119）颁布《革佛诏》，"佛改号大觉金仙，余为仙人、大士。僧为德士，易服饰，称姓氏。寺为宫，院为观"（《宋史·徽宗本纪》）。不过，随着是年五月都城大水，颇受徽宗宠信的道士林灵素登城压胜失败，既而在与太子赵桓的政治斗争中失势，《革佛诏》最终未能广泛施行。宋室南渡以后，禅宗大兴，高丽、日本的僧侣积极来华学习禅宗。

在日本，禅宗由于获得镰仓幕府支持，形成了独具日本特色的佛教宗派。宋孝宗淳熙十四年（1187），日僧明庵荣西于庆元府天童寺虚庵怀敞禅师处受传临济宗黄龙派心印，归国后大兴临济宗禅法，于日本建仁二年（1202）在京都创立建仁寺；宋宁宗嘉定十六年（1223），日本道元禅师入宋，从学于天童寺曹洞宗如净禅师门下，道元归国后，于日本宽元二年（1244）在福井创立永平寺，是为日本曹洞宗的总本山；宋理宗淳祐六年（1246），禅师兰溪道隆东渡日本，传入临济宗杨岐派禅法，并于日本建长五年（1253）在镰仓创立建长寺；明清鼎革之际，福建临济宗黄檗山万福寺隐元禅师于南明永历八年（1654）渡海赴日，受德川幕府支持，于日本宽文元年（1661）在京都宇治建成万福寺，号称"新黄檗"。以上即是日本禅宗三大派别临济宗、曹洞宗与黄檗宗的起源。

镰仓时代以降，禅宗在武士与平民之间受到欢迎。日本各地禅寺林立，禅僧中多有能诗善画者，对五山文学（镰仓时代后期至室町时代，以镰仓五寺、京都五寺的禅僧为中心倡导的汉文学的统称）及日本水墨画的繁荣多有贡献。明治维新以后，禅学思想则借由铃木大拙的推广，被介绍到了西方世界。

本书的作者铃木大拙，本名贞太郎，明治三年（1870）十月十八日出生于日本石川县金泽市下本多一个旧藩医的家庭。明治二十五年（1892），铃木考入东京帝国大学（今东京大学）哲学科。在学期间，随镰仓圆觉寺的今北洪川、释宗演等人参禅，并从释宗演处受居士号"大拙"。大拙二字的来历，正是《老子》《碧岩集》等书中所谓的"大巧若拙"。明治三十年（1897），大拙受释宗演推荐赴美，在伊利诺伊州拉萨尔的欧朋·柯特出版社担任编辑，将《道德经》《大乘起信论》等佛、道教典籍译为英文，并以英文撰成《大乘佛教概论》等著作，将包括禅文化在内的佛教文化介绍至西方，引起了广泛的反响。明治四十二年（1909），旅居美国十二年的大拙返回日本，任学习院、东京帝国大学讲师，次年升任学习院教授。弟子中有着日后成为民艺理论家的柳宗悦与成为实业家的松方三郎等人。大正十年（1921），大拙受聘为大谷大学教授，迁居至京都。昭和九年（1934）五月至六月，大拙来华访问，先后考察了江浙、北京等地的寺庙道观与文教机构，与鲁迅、蒋梦麟、钱稻孙、胡适等文化界名流有所交流。昭和十一年（1936），大拙应邀至英美两国访问，先后在剑桥、牛津、哈佛等多所大学做"禅与日本文化"的讲座，并于牛津大学开设坐禅会。昭和二十四年（1949），大拙当选为日本学士院会员，并获颁文化勋章。这一年，在夏威夷大学召开的东西方哲学讨论会上，大拙就禅学的研究方法与胡适展开了一场著名的辩论。次年，年届八十的大拙赴美国纽约，相继在纽约大学、哥伦比亚大学讲授禅学。其后又赴欧洲，游历英、德、瑞士等地并举办讲演。昭和三十三年（1958）归国。此后，大拙基本隐居于由他本人在镰仓创建的松冈文库，持续进行禅学研究。昭和四十一年（1966）七月十二日，病逝于东京圣路加国际医院，享寿九十五岁。

铃木大拙一生著述宏富。2003年，由岩波书店编修的《铃木大拙全集（增补新版）》四十卷全部刊成问世。在大拙的约一百部著作中，有二十三部是用英文撰写的。大拙佛教思想的核心，即所谓"灵性的自觉"。他坚信灵性的自觉拥有着普遍性与世界性，因而持续地将禅学思想介绍至西方。今天英文中的"Zen"一词，就是由释宗演、铃木大拙等人将"禅"字的日文读音迻译为英文并推广开来的。哲学家梅原猛称大拙为"现代日本最了不起的佛教学者"，信非虚誉。

读者诸君手头的这部《东方的智慧》，创作于昭和三十八年（1963）大拙隐居于镰仓松冈文库期间，是作者人生最后的两部著作之一。本书可以看作大拙对其一生禅学思想的回顾与总结。行文自然洒脱，说理娓娓道来。旁征博引，富于机趣。大拙从东西方文化的根源出发，纵谈禅学对于东方思想的深刻影响，进而指出"无分别"的禅学思考方式之于世界文化发展的重要意义。真可谓烛照源流，洞见真妄，是一部深入浅出、闪烁着睿智光芒的禅学论文集。

"二战"结束后的日本，和平主义逐渐成为社会的主流思潮。大拙在他人生的最晚年，借由禅学的世界观，明确地指出战争的肇祸之由在于力量的竞争，表现出反战争、反强权的思想倾向。"他们已经忘记，智的世界以外还有着悲的世界。智与悲必须并存。更重要的是，智必须属于悲，然后才能运用。我们必须要意识到，智依靠悲才拥有了力量。真正的自由是从这里诞生的。"（《发挥人类原本的自由与创造性》）因此，大拙指出，"真正的自由在东方"。半个多世纪后重新审视大拙所下的这句断语，不禁为他的洞明远见所深深折服。

翻译是一件辛苦的工作。尤其对于我这样一个对佛学素无精研的门外汉而言，如何准确地把握原作者的思想，并用地道的中文如实地传达给中国的读者，是我在翻译过程中一直努力解决的课题。此外，本书中引用佛教经典之处甚多，出于多年爬梳古籍文献形成的学术习惯，翻译过程中皆已核对过原文。其中《高僧传》系列、《五灯会元》等书，采用的底本是中华书局点校本"中国佛教典籍选刊"丛书；《碧岩集》采用的则是台北三民书局印行的"古籍今注新译"丛书。特此说明，正文注脚中不再赘述。

最后，衷心地感谢本书的策划人——雅众文化的方雨辰女士、蔡加荣先生，没有他们的信任、支持与耐心的等待，就不会有这部译作的诞生。北京联合出版公司的编辑刘恒先生、夏应鹏女士与雅众文化的日文编辑马济园女士，细心审阅并校对了译稿，提出了诸多宝贵的意见，在此向他们致以深深的谢意。笔者诠才末学，译文中粗疏谬误之处所在多有，尚请读者诸君垂察，不吝赐正。

陈文佳

2021年7月15日

于海上三千卷楼

作者自序

　　这里所收的篇幅不一的共计十四篇拙作，都是我回到日本以后最近执笔且发表于不同的杂志或报纸上的文章。因此，我相信，这些论文从某种意义上来讲，应当可以代表最近一段时间我的思想所到达的程度。只不过因为没有闲暇去整理它们，实在是有些杂乱粗疏。尽管如此，想到它们仍然可以给读者们提供一些参考，还是匆忙地做了一番整理。

　　本书中常常使用"东方的"这一表述，而真正用意所在，是想让读者诸君了解，面对即将到来的"世界文化"，我们作为东方民族的一员，实怀有可以为此做出巨大贡献之利器。借由这一贡献，东西方思想之间对彼此的了解能够得以加深。因此，我十分期待两者的交流与融合，能够对"世界文化"的开展大有裨益。

　　我在战后不久就去了海外，这期间，我国文学界的各个领域都出现了显著的变化。其中最惹人注目的，是在假名拼写方面，汉字的使用受到限制，字形本身也有所简化。因此，读者层面出现了汉字知识的衰退等情形。

本书所收录的诸篇，在此一方面，并未做过多的考量。

昭和三十八年[1]四月

铃木大拙

---

1 昭和三十八年即1963年。——译者注，以下脚注若无另行说明皆为译者注。

第一章

东方思想的不二性

一

在国外的时候，我有一句话常挂在嘴边，那就是：西方人专注于事物二分之后的世界，继而开始思考问题。在东方，则大体与之相反：人们在事物尚未二分以前，已经开始了思考。就双方如此这般地生活，且相互对话、交往这一点而言，我们并不会特别有所注意。然而，偶然间在某一点上感到有些奇怪的时候，为究明原因而继续向前探索的话，最终我们会明白西方是以二分性的思考方式及感受方式为立足点的。而东方，在尚未二分之前，说得再复杂一些，在朕兆未分以前，或许是在无意识的状态下，我们已经开始给予关注了。

前不久，我收到美国某所大学的老师来信，信中说"能否请你将你常常提到的二分性的问题解释得再详细一些呢？"，可以说，这篇文章就是受此激励而开始动笔的。

我在美国多家大学演讲时，因为以禅学为主题展开，可能不太会触及西方人普遍存在的思考方式的二分性问题。关于这一点我记得自己曾经谈过许多，今天还是要重新来讲一讲。

二

　　尽管科学在西方十分发达，取得了非同寻常的进步；在东方却颇为迟缓，直至今日仍然徘徊不前，常常陷于停滞的状态。其主要原因，让我来说的话，就在于在西方人的头脑中，二分性已经深深扎下根来了。所谓科学，首先要在区分自我及与自我相对的事物之后方能发展。科学是需要对境[1]的。与五官相对应的客体不可或缺。然后，以从这里发挥出的智慧为基础。可以这样说，智慧的用处，是建立在能所[2]的二分性之上的。如果主体与客体都不存在的话就全无智慧可言，人类的感觉也就无法成立了。借用佛教的说法，西方人的世界归根结底是八识[3]的产物，一切不出八识以外。我再重复一句，西方人以自身为究竟[4]。因此，以与自己相对的事物为客、为

1　对境：佛教谓与色、声等尘境相对的境界。
2　能所：佛教谓自动之法为能，不动之法为所。能指主体，所指客体。
3　八识：佛法基本正知见，即眼识、耳识、鼻识、舌识、身识、意识、末那识、阿赖耶识。
4　究竟：佛教中谓至极、最高境界之意。

宾,将其看作究竟的实体。没有主客对立的世界是不可想象的。他们会说:"这就是世界。是无,是空。"东方人则觉得无法理解,他们会反驳说:"无不也挺好吗,说是空又有何妨。"

这里的"无法理解"是重点。西方人以"无法理解"作终结,东方人则从"无法理解"之处出发。在"无法理解"的时候,应该已经在有所思考了吧。然而,这里所说的"已经在思考"的"想法",当然与二分性、主客体分裂后的"想法"是不同的。东方人思考着这样的"想法"。也许这并不会上升到意识的层面,然而在东方,人们于无意识之中也在"感知"着这样的事物。无意间,于内心深处感受到这样的作用。而这种无意识的感觉,让我们在不知不觉之间,了解到内心的作用全部隐藏于深处。我要说,这就是东方的事物的性格。

在科学或是哲学领域,是要无视这种"似懂而非懂"的。如果不去无视它的话,就会像二分性的思考那样,含混不清,影响计算 —— 因为我们无法用数学的方法进行计算。而西方人之所以厌恶像东方人那样"糊涂",是因为他们将科学的二分性视为最重要的事情。在东方人里,日本人算是比较喜欢"循规蹈矩"地做事情的。即便是这样,在西方人看来,仍然有许多疏忽之处。日本人虽有一些机械性的性格,还是远远不够。论精密机械仍然不及西方人。在法律上究明事物原委这一点上,日本人也显得相当随意,仍然保持着过去"约法三章"式的性情。在西方,法律发达,且一切事物都能够颇有组织性地予以整理,仍然是二分性思考方式的精确性所带来的结果。

在科学的发达程度、工业技术的进步程度、法律的精确度、团体组织的巧妙度等方面，东方人而今多少为西方人所看轻，恰恰是由上述二分性的作用导致的。当然这并不是说二分性全然是好抑或不好的。东方人应当学习二分性的严格性，不再回顾过去，叫嚷着"东方主义"或是"爱国心"之类的话，到如今这已是不言而喻的。我自己的观点是，不应以二分性来割裂人类的生活，或者说这是无法割裂的。此外，今后将会形成的世界文化的完整性，仅靠二分性是无法获得的。以东方的思考方式、感受方式（即便是无意识也无妨）为辅助，应当可以弥补二分性文化的不周之处。

三

　　说起西洋文化，必然会提及希腊、罗马、犹太的文化传统。而它们的不完善之处，在宗教上体现得最为强烈。我并非是随意批评基督教，也不是口出诽谤。其实不必我多说，基督教因二分性而造成的缺点显而易见，我相信这会导致今后的人类生活在某种意义上产生缺陷，对于世界文化的形成将带来不好的影响。基督教必须意识到这一点，培养自我的包容性。

　　由二分性产生的排他性、自我性等等，是极其不受欢迎的性格。超越二分性，并且能够包容它的话，可算是通情达理；倘若无法做到这一点，从此便会争执不绝。我们说一或是二，正是已然为数字所束缚的明证。然而如果不说，人类就无法过社会生活，而没有社会性的人类生活是不可能的，作为人类不能够没有语言。有了语言的话，也就有了数字，所以我们会说一元、二元及多元等等。这也是不得已的事情。这正是人性的制约，而人们也明白这是一种制约，并知道不为其所束缚的方法。这里恰恰包含着人性的奥妙，也包含着人生的价值。这一点是必须要懂得的。

在西方，造物主与所造[1]者是严格区分开的。造物主被称作上帝，天地万物都经由这位能造[2]者之手创造并诞生。而能造者本身是无法被创造的，是绝对的存在。能造者还统领着所造者，他发出的命令是至高无上的命令，无法越过。二分性是人类被赋予的东西，想要摆脱它是不可能的。如果将能造与所造分开的话，一切的对跖都会接连出现。我与汝、善与恶、罪人与圣人、黑与白、始与终、生与死、地狱与极乐[3]、幸运与不幸、友与敌、爱与憎……方方面面的对立都将成为可能。在这样的情形下，如果一分为二的话，就会出现无限分裂的可能。其结果是，无限的关系网不断扩张，人类的思想愈发混乱。最终我们将一筹莫展。从某种意义上来讲，今天我们正处于这乱麻也似的纠纷之中。于是，我们的手脚被这里那里所束缚，越是挣扎，越是会多缠绕上几层。只要纠缠上一回，可以说就毫无办法了。枝叶太过蔓延的话，自然会忘记根本所在。二分性的逻辑常常会演变成这样。

1　所造：佛教用语，此处意为被创造。

2　能造：佛教用语，此处意为善于创造。

3　极乐：指极乐净土，阿弥陀佛所居住的世界，位于西方十万亿佛土的彼岸，是没有痛苦的理想乡。据说现在阿弥陀佛仍在说法，若信仰阿弥陀佛并专心念佛，死后就会被迎入该世界。

四

　　关于西方的思维方式的二分性，我就谈到这里。而东方的思维方式，也即《维摩诘经》里所谓的"入不二法门"，我想笼统地谈一谈。

　　维摩居士其名，出自佛教经典。以今天的话来说，他是有名的佛教学者。据说文殊菩萨问他什么是"入不二法门"，他"默然"以对。这里的"默然"意味深长而幽远，因此自古以来，甚至有"维摩一默，如百雷齐落"的评价。一般而言，如同文殊菩萨的解说，一般会通过语言来进行回答："于一切法无言、无说、无示、无识，离诸回答，是为入不二法门。"就好像用楔子撬出楔子那样，只要还身为人，如果不使用语言的话，连说出不需要语言这样的话都是不可能的。在这里，人生矛盾的第一步开始了。无论如何，只要不使用语言，人们就无法传达他们的意志、感情、知识及其他的一切。眼睛比起嘴来，更能传递信息，可以"以心传心"。另外，有的时候还可以用摆姿势、打手势、做表情等种种方式，对无线电式的"工作"产生波动。不过，接受这些，都是要通过五官的，对于通过的这些内容，用有限的、分析的、关联性的理性进行判断，并得出结论。不管怎样，都是逻各斯[1]主义产生后的事情，而不是天地未分或是朕兆未动时节的事情。这里既有人生的悲剧，也有喜剧。善恶、正邪、真伪、美丑等等，在嘈杂喧嚣的舞台上无限地展开。

然而，这一切都是基于二分性的，并不是真正地入了不二法门。是不言不语的"默"，而不是霹雳一声的"默"。用楔子撬出楔子、用逻辑让逻辑变得非逻辑、用语言否定语言的过程中，是无法入不二法门的。随着不二跃入其中，所有的一切才第一次被体会、被感受、被道取。

在"道得"或是"道取"这样的词中，道不是指道路，而是"说"的意思，也就是用语言来表现。能够做到这一点，没有体验或是体会是不行的。而这"跃入"的体验也称为"横超"[2]、"飞跃"或是"直入"。此外，还有许多的名称。也就是站在悬崖上，跳入深不知底的山谷中。看见无限的虚空，却毫不踌躇地跳入正中央去。对此，理性的表述就是"悟"，也就是修禅者所说的"见性"。东方人对于拥有悟的经验的事情，即使自己未曾实际体验，通过传闻等方式，仍然可以

1　逻各斯：在哲学里表示支配万事万物的规律性或原理；在神学里指上帝的旨意或话语。
2　横超：佛教用语。亲鸾讲解的二双四重的判教之一。"横"意味净土易行，"超"表示快速到达悟性。信奉阿弥陀佛，就能很快实现净土往生。

知道。这是他们所擅长的。在西方，找不到与悟对应的合适的词语。尽管有类似的表达，对于东方人而言却不够响亮。闯入不二之中，这在东方已经成为艺术性生活的绝妙之处。修禅者尤其会将它融入生活的全般之中。也就是以人类的生活，为一种美的作品而服务。把我们身上的四肢五体，当作画家的画布，当作笔刷或者颜料，全部色身就会活动，就会运作。也就是行住坐卧，是应对折冲，是去留进退。这种生活方式就是美术作品。这样，才第一次进入了不二法门。真正的创作在这里成为可能。人类被认为活着，也是从这时开始的。

有谚语云："Man's extremity is God's opportunity"[1]。这与"尽人事听天命"是同样的意思。不过，这句话并没有完全洗去二分性的臭味。有"吾"有"汝"，有"人"有"天"。天虽然不像神那样活生生的，二者都有点等待的意味，没有充分地到达穷极的地步。所谓穷极的意识，所谓尽力的计较等，在没有被全部清除之际，"跃入"这一体会实在是遥不可及。这并不是三千里或是三千年之类的距离。客观而言，也许会被称作时节因缘[2]，然而当局的自己，也就是从主体来看的话，天地悬隔，彻彻底底地毫无干涉。

入不二法门的体验中，不可以有尽力、等待等意识。必

1　此句意为：逆境是上帝考验的良机。
2　时节因缘：时节，即四时之节日。因缘，佛学术语，一物之生，亲与强力者为因，疏添弱力者为缘。

须在没有等待的前提下尽力。达到尽力至极之时，这样的意识自然就消失了，计较也没有了，在没有等待的状态下，贯彻始终。妙好人[1]浅原才市说：

> 他力中既无自力亦无他力，
>
> 只有他力而已。南无阿弥陀佛。
>
> 南无阿弥陀佛。

这是真宗[2]的表达方式，也许会让人有一些困惑，如果是既没有自力也没有他力的他力，那么也可以叫作既没有他力也没有自力的自力。所谓"不要为言语所束缚"，指的正是这个。在等待的极限、尽力的极限出现的，于真宗而言，是"南无阿弥陀佛"，于禅宗而言，可以是"无"，可以是"有"，可以是"吽"，也可以是"绝对矛盾即是自我同一"。这最后一句话，虽然有些长，只要能够领悟到西田的哲学，也就足够了。

虽说是二分性，但绝不像一是一、二是二、三是三、我是我、你是你、神是神、人是人、草是草、花是花、山是山、水是水那样，各自分开，处在自己的法位上。你与我、我与你永远处于交涉之中。神作为神，绝不会总是高居于天上。一定

1　妙好人：在净土真宗中对不出家而过信仰生活的优秀念佛居士的尊称。

2　真宗：指净土真宗。镰仓初期，法然的弟子亲鸾创立的净土教的一派。主张得救于阿弥陀佛之力的绝对他力，认为只要有信仰之心就可以往生。

会降临到处于娑婆[1]世界的我们之间，关照我们、担心我们，接受我们的求教。人类也会登上神所在的天界，介于草木的异世界之间，唱着春树吐芽、秋月皎洁、冬日白雪覆山的歌曲。二也好三也好，百也好万也好，这世上有限的事与物，全都圆融无碍地交错在一起。二分性绝不是绝对的。总是否定着自我，再回归自我。一并不就是一，二也并不就是二。一就是二，二就是一。这就是不二法界的世界。东方式的思维总是这里出现，又回归到这里。往还二相的回向，所到之处，时时刻刻都被看见。不是往而不还的直线，而是没有循环箭头的圆环，也就是一圆相。二终究不是平行线，而是不二之圆。且这圆是没有边的，是无限大的圆。佛教中，把这无限大的圆称为空。所谓空，并不仅仅是空虚之义，这一点是很难弄明白的。只要是从二分性的立场和平行线的观点来看的话，就绝不会明白。必须要在横超体验的点上起跳才行。

五

从隋代至唐代，汉民族的精神性与灵性的文化，达到了顶点。到宋代进入了成熟期，此后，就渐渐地走起了下坡。从印度传来的佛教思想，在唐宋时期已经完全融入了汉人的思维与感受方式。真如、涅槃、菩提、般若、烦恼等印度式的词语，全都被弃置一旁。而最具汉人特色的东西，则在禅录中显著地体现出来。印度式的抽象性转化为汉人特有的具象性。而且，不会称呼它们为抽象或是具象，将它们分开，也不具备二分性。而是像主张具象即抽象、抽象即具象那样，发挥着不二性。我把"入不二法门"这件事强调为"东方式的"，希望诉诸东方及西方的人们。对于东方人，我希望他们可以意识到自己所拥有的宝藏；对于西方人，希望他们不可仅以二分性为人生效力，而能有进一步的飞跃。

唐代有一位叫作曹山的僧人，有位云水僧[1]来到他这里，

---

1 云水僧：游方僧人。

向他请教。

"我听说应物现形，如水中月，这是什么道理呢？"

要说他询问的是什么道理，用印度式的说法就是，法身的话则是法身，真如的话则是真如，与其对境相应，会有种种多样的形态出现。这不叫泛神论或是唯心观，只是应物现形而已。并不是说着水中月、镜中影，推荐空华的观想。云水僧不过是问和尚，月映于水中意味着什么，仅此而已。要说"意味"一词应当解作何义，这又是一个大问题了。不过，人类与其他生物不同，总是远离物来观察它，然后找到疑问并且提出来。他们会询问"这是为了什么？""有什么作用呢？"，哲学、逻辑、宗教等等从这里生发出来。科学也许只会停留在"什么"这里。总之，提出问题的是人类。于是，我根据回答，将东方式的思维与西方式的思维分开来看。

被问的曹山是一位禅僧，所以他这样回答云水僧。

（写到这里，我要对我的误解做出订正：提问者并非云水僧，而是和尚自己。因此，这一问并不是一般的信息，而是一种试题。因此，下面的回答是云水僧的回答。不过，我刚刚就此问题稍许分辨过的内容，也许可以作为一种参考。这里就不撤回了。）

于是云水僧答道：

"如驴觑井。"

这句话的意思是"如同驴子往井里瞧一样"。实际上，可以理解为"判断失误"的意思。如果从一般的二分性逻辑出发，若是对于一的similes[1]，用其他的similes去回答的话，就不会开拓出新的观点来，反而让问题变得更为混乱。和尚不知是清楚这一点，还是不清楚这一点，他接下来说：

"这也不错，不过只有八成。"八成是相对十成而言的，也就是八分左右。眼下应当再往前迈上一步，这正是和尚的诱导。云水僧说：

"那大和尚您会怎么说呢？"

和尚说：

"如井觑驴。"

这似乎和刚刚的回答刚好相反。刚刚的回答以驴为主格，现在则以井为主格。这样一来反而让人摸不着头脑了。驴虽然与人类不同，但毕竟是生物，说它看或是不看，并不是完全不通的话。然而，主格如果变成井，既没有眼睛也没有鼻子，让它跟生物一样是不可能的。这究竟是怎么一回事呢？

也就是说，无论是驴子看井也好，还是井看驴子也好，只有一方的话，二分性的思维方式是去除不了的。我们看花也好，看木石也好，如果花与石头不看我们的话，真正的"看"就不会发生、不会成立。所谓的共感或移情，如果是单向的，那就无法成立。当对境成为主人公时，自我同一才成为可能，入不二法门也成为可能。东方式的看待事物的方法，以这一体验为基础才得以形成。"见万物，如见我面"这句话，在禅

---

1 similes：作者原注，"直喻"。

录中可以见到，不要找借口，就这样老老实实地接受它 ——在东方，不论是哲学还是其他的一切都是从这里发展出来的。不是以此为依据的事物，在东方都被认为是空论，不被人理会。也就是说，从人类生活的具体性中游离出来的事物，被认为不具备重大的价值。

说驴与井成为一体，不，说它们是不二的时候，只要是通过语言来表达，就得是"驴觑井，井觑驴"。一是静态的，富于抽象性。与此相反，不二则是动态的，带有具象性。在佛教哲学中，会将体、相、用及体用等等分开来说，而最为东方式的地方则是上文这样的表达。我仅就记忆所及，记下二三而已。

六

　　唐代的百丈怀海，是第一位制定禅寺生活清规的禅师，在禅宗史上留下了不可磨灭的足迹。有云水僧求教他：

　　"如何是奇特事？"

　　所谓奇特，意谓不寻常，不是一般日常的现象。从山是山、水是水、我是我、汝是汝这一点来看，世上没有任何不可思议[1]的事情。自他二分性也好，自我同一性也好，可以说并没有什么不可思议的，其中也没有任何可以称得上神秘的地方。然而，从别的观点来看，一切都是极其不可思议的。稍稍举起筷子，准备吃饭时，也是不可思议的。不知是什么奇特的东西，隐约地闪现着。要说这究竟是什么，正是这位云水僧的问题。百丈答曰：

　　"独坐大雄峰。"

　　百丈所住的山峰名为大雄峰，在山上，就这样自己一人

1　不可思议：原为佛教用语，指思想言语所不能达到的境界。

独坐着。没有比这更奇特的事情了。山作为山，并不被视为司空见惯的事物，人们总是不由得觉得它十分庞大。稀松平常即刻成为奇妙不可思议。"独坐大雄峰"，即刻变为"天上天下唯我独尊"。而且，在这"唯我独尊"之处，像寻常一样，饥则食、渴则饮。可以称之为"妙"，可以称之为"尊贵"，可以称之为"难得"，可以称之为"奇特"等等，彻底打倒"礼拜"，将"我"与"你"二分后，由此固定好主与客。分为是，还是不分为是呢？要是将不二也固定在不二之中，自由[1]不能发挥作用，总感觉被束缚住了。只能因情绪紧张而导致神经衰弱。二必须是不二，不二必须是二才行。

提问的云水僧，"独坐大雄峰"，向现身于西奈山上雷鸣之中的上帝耶和华俯首下拜。

"僧便礼拜。"

禅录这样记载。这位僧人始终想要固定住二分性使其不变，的确，在逻辑自觉的世界，总有这样的倾向性存在，这是人性的一个侧面。想要脱离这一面，就得灵活地使用飞跃的那一面。然而，这里不可以有丝毫的计较，一切都必须毫无阻滞地出来。而毫无阻滞出来的地方，就被称为"自然活泼泼地"。

所谓禅的问答[2]，或是禅的对话之中，不需要二分性的逻

1　自由：此处的自由并非西方哲学意义上的自由，而是指从烦恼束缚中获得解脱，达到自在无碍之状态。

2　问答：学佛问答。在禅宗中指修行者提问，师父回答。是门徒教育的重要手段。

辑，没有可以称得上谈笑风生的内容。没有能够成为一部书那样的往来交谈。仅凭我一句，或是他一句，又或是一举一动，就让所有的事情遽尔有了结论。人不二法门的维摩的一默，根据禅师的个性，各自展开，或是各有表现，完全不需要喋喋不休的文字上的讨论。百丈在此状况下，对于云水僧的礼拜，说道：

"师便打。"

就这样做了了结。

这里的"打"是个很复杂的问题。精神分析学者或是实践者之间，用所谓"打""一喝"或是"咄破"等，给患者以刺激，也就是冲动，从而使得原有的惯例发生一次转变。就算这样也可以吧，而东方式的做法，给予冲动的情形则不同。一般的心理活动或是生活上的冲动，不管发生了什么，都是无法飞跃原来所在的地方并看到更进一步的提高的。"虾怎么也跳不出篓子"，无法从原本的壳中挣脱出来。在禅的对话中，"便打"不是在心理层面，而是在可以称为形而上学层面或是灵性层面的地方进行的。在这里，从二分性横超至不二性，或是从不二性还相回向[1]至二分性的作用，在"便打"时，是必须要被看到的。"打"也分"赏棍"与"罚棍"，这一点暂且不提，我的意见是：从真正的、纯粹的、东方式思维的角度来看，必须得承认，用二分性去看待这里的"便打"，就会

1　还相回向：净土宗的两种回向之一，往生极乐净土的人再次回到世间教化，救济众生。

有无论怎样都不能被领会的部分。

据说释迦一出生，立刻喝道"天上天下唯我独尊"，如果历史地，或是客观地去探索这句话，应该交给这方面的学者去办，而修禅者则会原封不动地接受。不仅如此，我们也一样，决定发出这婴儿出生时的"初啼"。咒骂这是不合理的、不自然的、太荒唐了等等，就二分性的层面来说，是"理所当然"的。不需要做任何辩解。不过，有一位叫作云门文偃的死于五代时期的禅门巨匠。此人云："不管是释迦还是别人，只要说出这样的话，不等他说完，我一棒打杀他与狗子吃。"这难道不是粗暴至极的言论吗？即便是戏言，只要是佛，都是佛教徒的大导师，不应该乱发这样的恶言。然而，若是从与二分性的层面及其系列相异之处出发，云门所说的话是极为正确的。修禅者说着"的确的确"，承认云门的话。甚至可以说，没有比这更难得的事情了。

七

我相信，将东方式的入不二法门的消息最清楚地传达出来的是修禅者。而这种传达的方式，在西方人之间尚未看到。如果看不到也没什么要紧的话，这也就罢了。然而，假若人类的生活层面由此产生了欠缺，无法体会到真正的净裸裸、赤洒洒的境界，那么东方式的思维方式、感受方式就不可等闲视之。所谓净裸裸云云，不单单是指赤身露体，更是纯粹意义上的自由。在这没有自由的地方，人类作为人的生存价值正在消灭。因此，生的创造性、从无创造出有的创造欲也在消亡。这样就意味着人类文化的倒退。这些人文进化的尽头，并不是生物学意义上的，而是意味着向灵性层面的转变，因而东方式的思维方式，是断断乎不可无视的。

禅的对话中有着种种的形式。——调查它们并不是目前要解决的问题。因此，在现阶段，笼统而言，只要能够模糊地知道它与所谓的"哲学"究竟有怎样的不同，了解到禅在东方式的思维方式中是纯而又纯的东西，那么本文写作的目的，多少算是达到了。我期许读者们可以做到这些。

我要介绍一下道吾与渐源二人的交涉。这是唐代发生的事情。道吾陪着渐源去人家吊唁，渐源拍着棺材问道吾说：

"生邪死邪？"

道吾答云：

"生也不道。死也不道。"

渐源又问：

"为什么不道？"

道吾没有任何理由地反复说着：

"不道不道。"

回途中，渐源怎样也放不下这件事，看道吾缄口不语，疑惑他一味重复着"不道"，究竟是什么意思呢？于是，途中又追问道吾，"是生是死，究竟怎样？"，沿着二分性的路线来来回回的过程中，不将眼下这件是生还是死的事情弄清楚，无论如何也平息不下来。渐源威胁说：

"和尚快与某甲道。若不道，打和尚去也。"

和尚对于这样的恐吓，毫不放在心上。因为他已将自己全部暴露在入不二法门之前，再没有什么可以做到的了。过错全在于提问的一方。不明白这一点也没有办法。他对弟子渐源说"打即任打"，任他打自己。尽管我们不知道实际是怎样打的，然而，身为弟子动手打师父，实在是很严重的事情。如果回到寺内，被其他的和尚们知道这件事的话，渐源可能就没有安身之处了。于是，道吾告诫渐源，让他悄悄地离自己而去。看来可能下手相当重。

这样的打法，是从二分性出发的打法，不值得拿它当作话题。

唐代有一位叫作赵州从谂的大禅师。因为历史上这样的人物辈出，我自己的所谓东方式的思维才得以形成。实在深为感激。这位赵州禅师没有挥过棒，而且，禅中有名的"喝"也即一种喊叫，他从未发出过。不过，他的舌锋之锐，可谓到了古今无双的程度。某一次，一位僧人问他：

"万法归一，一归何处？"

这个问题从哲学层面来看是一个大问题。据说神创造了万物。那么神又是谁创造的呢？在神还没有说出"要有光"[1]之前，他在何处呢？在做什么呢？这样的问题是很难应付的。在二分性的逻辑之外，必须建立起其他的逻辑。然而，不管是逻辑还是别的什么，只要建立起的东西带有说教的色彩，就会像抽丝一般，接连不断，没有尽头。赵州却毫不犹豫地回答他：

"我在青州，作一领布衫，重七斤。"

一眼看去，赵州的回答驴唇不对马嘴。究竟指的是什么，让人完全摸不着头脑。"归一"的一字，不曾出现在答复中。只是日常的闲话。实际上，赵州的回答，不在这些文字与声音之中，不在表达出的语句里。我们要特别注意它们的出处。

1　出自《圣经旧约·创世记》："神说，要有光，就有了光。"

它们原样不动，既没有逻辑，也没有非逻辑。事实就是，解释是没有意义的。觑捕这个事实，正是禅之所以为禅的地方。从语言的层面来说，这里没有让归一出现的道路。在这里，如果不好好领会的话，想要从二分性中脱离出来是不可能的。"不立文字"就此而生。

八

中国禅——禅实际上是在汉民族之间产生并发展成熟的，因此，即便不特意添加中国二字也是可以的——总之，作为中国禅，使之充盈着东方式思维的，可以说肇始于马祖道一。此人或打或踢，或是大喝，因此，一提到禅僧，人们甚至会想到，他们是这样行事的，或者说，一定会做这些。马祖还会用无关紧要的日常闲话来发挥禅机。他说过"平常心是道"[1]。

有僧人询问他：

"离四句，绝百非，请师直指祖师西来意[2]。"

1　出自《景德传灯录》卷二十八："道不用修，但莫污染。何为污染，但有生死心。造作趣向，皆是污染。若欲直会其道，平常心是道。"
2　祖师西来意：禅宗公案。指禅宗初祖菩提达摩自西天来到中土的目的，禅籍中屡见。如《五灯会元》卷四载："僧问：如何是祖师西来意？州曰：庭前柏树子。"《碧岩集》卷二第十七则载："僧问香林：如何是祖师西来意？林云：坐久成劳。"又第二十则载："龙牙问翠微：如何是祖师西来意？微云：与我过禅板来。牙过禅板与翠微，微接得便打。牙云：打即任打，要且无祖师西来意。"这些公案的要旨是，禅的核心在于启发人们的自觉，达到自悟。禅师或答非所问，指示于当下日用中去悟入；或直接予以棒喝，令发问者自省，不要指望他人。

这句话需要做一些注解。四句、百非云云，是印度式的思维，汉人从印度那里学来了这些。所谓四句，是指如有某一个话头，由此产生的四种与之相对应的说法。第一句，它是有的；第二句，它是无的；第三句，它是非有亦非无的；第四句，它是亦有亦无的。这四种说法，一般称为"四句"。

接下来是"百非"，它在《楞伽经》里作"百八"，更为多余的应该是关于"非"的套句的罗列。无论什么情形，一旦说起什么，全都用"非"来作否定。如果说到了是，就会相应地说非。百或二百并不是否定，而是达到无限的量。只要说到"这个"，一定有否定伴随它同时出现，所以有自无量无边这样否定的句子存在。"东方式"的思维中是不说这些的。不过，因为这个僧人具有佛教的素养，从离四句绝百非的层面来观察，提出了这个问题。

所谓"祖师西来意"，是禅宗创始期出现的题目。"一切众生本来是佛""猫与勺子一开始就已成佛"等教示，从印度传来，在中华民族之间传播，达摩等人，扬扬得意，自天竺渡海，在中国的南方登岸，与梁武帝说法，实在是多此一举，好比是头上着头。因此，达摩也就是被后世奉为禅宗始祖的大宗师，从西方的印度传法来东方的中国，可以看作是一件毫无意义的事情。希望马祖不从二分性的角度臧否其理由，而是为自己直指祖师西来之意，这才是这个僧人请教马祖的问题。

换言之，所谓存在的理由、意义、价值等等，才是这里所提出的问题。人类有了意识，才有了这位僧人的大疑问。神有着若干不足之处，他创造出世界，让人类居住于其中。特别是人世间，总有各种各样的麻烦事，层出不穷，全心全意地不断地烦恼着，这就是娑婆。究竟因为对什么好奇，才让神创造出这样的世界，是折磨人类的一大问题。试着直接求教于神才是最好的捷径，但神离开了四句，绝去了百非。然而，因为说这些话的仍然是人类，神也有了人性，也许作为人的理解能力比我们想象的更强。或者可以这样说，人类像对自己那样，将神拖出来，拜托他"神啊，求你了"，因此，人身上也一定存在着神性。无论有没有哪怕是少许的关联，在某些地方，一定有着同一性，敲打就发声，叩击就会鸣响。于是，在不触及神的状态下，人类之间彼此问答应酬，这就够了，事态得到解决。向马祖此人问"达摩西来意"也好，问"人类存在的意义"也好，并不一定是错误的判断。

问题不如说是直指。四句、百非这样的人类的逻辑世界中，无论说什么，都会被用"非"来否定。一旦变成否定的无限连续，就无法找到镇定的码头。于是只能是直指。最终，我们只能成为像这位僧人一样的提问者。

不过，直指会变成什么样呢？在四句及百非的世界里，进入逻辑的范畴之中的是顺序，为同一律、排中律[1]等等所掣肘，也就不再是直指了。修禅者惯常说的"击石火""闪电光"，这其中不允许有任何的中间物质，也就是直指。"啊"地轻呼

1　排中律：形式逻辑的基本规律之一，要求在同一思维过程中，对同一对象在肯定、否定之间必须选择其一，不能两不可。

一声，往前的脚步退后一步的话，就产生了间隙。这或许该称作反省、自觉或是思维，那就不能成为直指。所谓"机轮曾未转，转必两头走"[1]，等到变成两头时，已经太迟了。觑破从未转变为已转的一刹那，就是直指。在神的口中，或是其他地方出现"要有光"这句话以前，光已经出现了。也就是说，意志与行动是分不开的，意即行，或知即行，又或是知行合一，其间不能加入一丝一毫，这就叫作直指。"心随万境转，转处实能幽"，这个"幽"字是眼目所在。贯彻于幽时，直指的消息就到手了。向马祖询问西来意的僧人，想要触及有关直指的真正消息。然而，马祖的回答是否做好了能够承担它的准备，则是另外一个问题了。总之，问题是问出来了。马祖道：

"我今日劳倦，不能为汝说，问取智藏去。"

这是对西来意的直指，抑或是顾左右而言他的回避，再或是疲惫不堪，对一切都失了兴趣呢？提问的僧人只从字面的意思理解，就从马祖这里到智藏那里，再从智藏那里去到别处，来回奔走。最后又回到马祖这里，一五一十地报告给他。最终，什么也没有弄明白。白费一番功夫，不如维摩一默那样更具二分性的理智。马祖的结论（？）是：

"藏头白，海头黑。"

藏即指智藏，海是问到的第三位和尚的名字。他也是精

1　出自《碧岩集》卷七第六十五则。

通佛理的大禅师。此外，离四句绝百非，绝不在于马祖门下僧人们的头是黑还是白。说黑与白、头与脚等等，都是在二分性的世界里通用的语言。因此，仅从语言的层面来看，我们可以认为马祖并没有超越二分性。原来如此！虽说是入不二法门的境界，因为仍然身处于二分性的世界，只要还需借用这里所通行的语言和文字，就不得不用二分性的方式去理解它们。不过，在入不二法门的世界里，传达那些在语言、文字及行动中未现成[1]以前的消息是其本来的任务，因此，一般的读者必须接受"藏头白，海头黑"这样的领会。禅录之所以大致由矛盾、夸张、信口胡言及无意义的文字等等所构成，正是因为这一点。在二分性的世界里，想要超越二分性时，反而必须将这种非合理承认为合理。当非合理变成合理时，就明白了何谓"A非A故为A"。入不二的真实，实际存在于矛盾或反论中。

一位叫作庞居士的俗家弟子问马祖：

"不与万法为侣者是什么人？"

答曰："待汝一口吸尽西江水，即向汝道。"

所谓不与万法为友，意为独自炯然而存。好似西方人所说的神性一样的东西，或是让这种存在远离一切的东西——这究竟是什么呢？这样的人，只要还在二分性的世界里，连一水杯的水，也很难一口喝完它。莫说西江水，哪怕只是一

1　现成：禅宗用语，犹谓显现。

条小小的河流，到底也是无法一口吸尽的。马祖的意思是，绝对的矛盾即是自我同一。如果不采取离四句的立场，就不能理解天地独立之神。不过，他并不打算从抽象的层面去观察，而是想要从感性的世界，也就是从生机勃勃的未分性的层面来告诫我们。因此，禅师告诉我们，明白了这桩公案，也就明白了"藏头白，海头黑"。

话说得有些弯弯绕，似乎没有最终的落脚点。事实上也确是如此。在这里，横超性的飞跃的体会被提出来。入不二法门无论如何必须从这里着手。经书上记述，维摩的房间大约方丈，也就是只有四张半的榻榻米大小。尽管如此，伴随文殊菩萨而来的数万群众仍然轻而易举地进来了。因此，《碧岩集》的作者圆悟和尚[1]训谕我们："只顾拿着（二分性的）道理来，这话就不明白了。头脑中如胡乱地搅和，也搞不清楚……马祖的想法是，一句截断意根，这才能向着正脉里（也即入不二法门）。"

"一句截断意根"，或是"顶住一口剑锋不免丧身失命"云云，都意味着这里有着非连续性的消息。所谓"意根"，意为思虑计较的气息之根，是二分性的出处所在。禅常常告诉我们，要一刀截断它。西方的思想史中没有这一传统。虽然有时候也会突然地出现，但是并未成为以一条主线贯穿的传统。在东方说到"悟"的话，普罗大众都是知道的。而且，

1　圆悟和尚：宋代高僧圆悟克勤（1063—1135）。俗姓骆，字无着。

表达"悟"的含义的文字尚有许多。不仅仅是用逻辑性的文字，而是由心理层面道破这一契机的，都是相当精细的（这一点今后还有再谈的机会吧）。这在西方，迄今为止都是没有的。

如果有人不二法门的逻辑的话，佛教一般所采用的，都可以打下般若式辩证法的烙印。

　　　　有所谓说法，然而这其中既没有说，也没有开示。有所谓听法，然而这其中既没有听，也没有因此而有所得。无说无示的话，一开始就不说不是很好吗？如果说无闻无得的话，什么都不听不就可以了吗？这样一来，无说无听应该比较接近吧。

这是圆悟和尚某一次在众人面前所说的话。换成其他的表述，就是不说之说、不闻之闻，或者叫说之不说、闻之不闻。山是山，又不是山；水是水，又不是水。这样一来，就不知道什么是什么了。因此，这里无论如何都得承认非连续性的东西。以西方式的思维而言，称之为"神秘论"。我们也曾说过这样的话。因为觉得西方人比较容易理解，所以现在用外文写作时还是会用到。实际而言，"神秘"的事物在东方式的思维中是不存在的。一切都是露堂堂、净裸裸的。也可以称之为平常。可以说它是睡觉、起床、吃饭、死亡。

九

雪窦是宋代闻名的大禅师、大诗人（从某种意义上说，所谓东方式的思维，可以说是诗意的，而并非逻辑性的思维。禅是诗。人生也是诗。真实不是理法，而是诗意的。这也需要写一篇论文）。这位禅人兼诗人雪窦，针对上述马祖的提议（话头），咏出了下面一首诗：

> 藏头白，海头黑，
> 明眼衲僧会不得。
> 马驹踏杀天下人，
> 临际者是白拈贼。
> 离四句，绝百非，
> 天上人间唯我知。

明眼的和尚也领会不得。知道天上天下的人，"唯有我自己而已"，在这里，有着可以称为东方式的"认识论"的成分。

43

也许，这会被批评是一种solipsism[1]。从一般的凝思法出发，会被这样定义义吧。"天上天下唯我独尊"也好，"独坐大雄峰""我思故我在"也好，说着"俗人察察""我独昏昏"[2]的老子也好，都不外乎是一种唯我论。人世间，无论是我还是他人，都有着朕兆未分前的自觉，以及逻各斯产生之前的清醒，如果连这些都被唤醒的话，"天上人间唯我知"的同时，一斩一切斩；一处透，千处万处一时透。当"弥陀的本愿实在是为了亲鸾[3]自己一人"的信念决定下来时，与此同时，弥陀的本愿也是弘誓的本愿，是"奇也，一切众生本来成佛"的领会。因此，这种唯我论者立即万德圆满，是不增不减地具备一切可能性的绝对他力，是"无限"本身。我认为这里有着东方式思维方式与感知方式的本质。在主客、宾主之类未曾分开的地方，有着"此些子"[4]或是"个一秋毫"[5]、"这个"等等不可得[6]且不可思议的事物。从这里生发出一切，在那转处最幽的地方，有一种鉴觉出现了。由这种鉴觉，明白了"立时救此身"，也就是说，山是山，水是水，天是天，地是地，我是我，

1　solipsism：作者原注，"唯我论"。

2　出自《道德经》第二十章。原文作："俗人昭昭，我独昏昏；俗人察察，我独闷闷。"

3　亲鸾（1173—1262）：镰仓初期僧人，净土真宗的开祖。著有《教行信证》。

4　此些子：些子，唐宋时俗语，意谓少许。此些子即"这些许"之意。

5　个一秋毫：秋毫，鸟兽在秋天新长出的细毛，喻细微之物。个一秋毫即"这一点秋毫微末之物"。

6　不可得：佛教用语。指真理、悟道、佛的思想等，超出人的思虑之上，是不可能认识的。

你是你。是不二也是二，是二也是不二，从不二生出二，从二返回不二。这就是无边的大圆相。

还有一些话想要写在这里，不过会变得冗长，暂时在这里打住，对上文的内容再多做一些说明。

可以称为人类本质的，并不是理性的、理智的东西，毋宁说是性情的、意志性的东西。理智无论如何都彻底地带有二分性。因此，容易流于表面，也就是说，它是很浅薄的。与之相反，情意是未分的，是完全的一，有着从其根源处操纵人类的本能。人类最先是行动，然后才出现反省，成为理智的人。知之所以支配行，是因为知脱离了它的本质，必须出现与其内部本质融为一体之处。亚当和夏娃的世界里只有行没有知。因此，伊甸园得以成立。一旦出现了知，就成了失乐园。在入不二法门的世界里，让知保持不变，从新的层面再现原本行的世界与意的世界。在这一点上，入不二界与伊甸园是不同的，可以说有着更大的进步。必须要再吃一次苹果才行。

情意的世界就是诗。伊甸园里是没有诗的，因为还不具备使其成为可能的条件。诗中除了情意以外，经受过东方式磨炼的不二性的体会也是必要条件。因为加上了这一条，文学与艺术以外，人类生活本身就成为诗。不仅是形诸文字的诗，我们人类的一举一动悉数成为诗，成为具有艺术性的美好事物。说到人类的行为本身成为诗、成为画、成为美好的事物，人们也许会认为好像歌唱、舞蹈那样，然而这些都是二分性世界里的现象。我想说的是，从灵性层面来看的情况。观察到在这方面做得很好的人的表情，接触到他们的言行，会产生一种无法形容的感应。这就是诗，就是美。人类进化的方向，已经从生物性的一面转向内向，探索到灵性的层面。沿着它的足迹，愈发需要添加一份精炼。

刚想在这里搁笔，不想今天由外务省送来布达佩斯的一位叫作罗伯特·杜托的人的演讲稿《禅即是诗》。读完它稍微要花些时间，这里我想告诉大家的是，像这样的题目，仍然在欧洲的某处被思考着。还有，在战争中死去的年轻的犹太裔的法国女士——她的思想中有着颇为有趣的部分，希望有心人可以认真地读一读——这位女士颇具慧眼地看出了禅与诗的联系。事实上，看起来她似乎读过我的不少著作。今后有机会再来写一写。

（原载于1962年4月号《心》）

第二章

关于东方的“哲学”

很多人认为，在东方，没有哲学，也没有美学。如果仅此而已的话倒也无所谓，可是有些年轻的学者总认为东方人的思考能力不如西方人发达，总会抱有自卑感。但这种自卑感其实毫无必要。

在东方没有像西方那样的哲学，这是事实。因为这背后还有很多原因，所以我们必须要弄清楚这些原因。

东方人不管考虑什么事情，都会从生活本身出发，尽可能不脱离生活。对于对生活本身不怎么起到直接作用的事与物，不会抱有太大关心。而且，这种生活指的不是所谓的物质上的提升，而是精神层面的提升。

因此，东方人是不脱离精神层面思考事与物并前进的。即使是打造庭院，也总会为了慰藉心灵、提升品格，来规划庭院的结构。即使是学习音乐，也会去考虑它对人的精神层面有没有益处、有多少益处。即使是绘画，也是如此。古人说，心中如果不藏万卷书，就无法画出真正的画。所谓美，应该从精神层面上去看待，而不该仅仅议论抽象的美。

因此，挂在壁龛上的东西，从某种意义上来说，必须有助于看它的人的精神提升。壁龛是一种让精神提升的地方，不只是欣赏美的一角。

西方的画无论在哪里，都会被用来填充墙壁的空间。只不过是一种装饰罢了。而日本壁龛中的物件，不是人为了在感官层面上取悦自己而放置的，与之相对，是因为人总想看到超越界限的东西。因此，一般来说，要看它的话，需要有虔诚的态度。诸如焚香之类，尽量要让心神平定下来。人们将壁龛设置在家中最里间，将它作为一个神圣的地方。美不仅仅是美，美必须是从精神要素中所产生的。

沏茶也不仅仅是为了学习礼仪或行为举止的规范。"和、敬、清、寂"[1]等，都是与人精神性的世界相关的概念。

印度出现了近代屈指可数的音乐家。因为他闻名于全世界，美国的乐团经理人们打算把他的作品录制成唱片带回美国，赚上一笔。他们来到印度，恳请这位音乐家答应录制唱片的请求。报酬当然是如他本人所希望的那样。可是，他却拒绝了。他说："我不会把自己的作品变成众人的慰藉或乐趣，我希望自己的作品作为被聆听的对象，能够有益于精神的提升。我不希望从自己灵魂深处产生的音乐被当作仅仅以兴趣为主的作品来看待。"他的这段话体现了东方的精神，让我十

1　日本茶道的精神。

分钦佩。

在东方，缺乏灵性之美的事物，不被视作真正的美。因为脱离精神生活的美单单是美而已，在此以外没有任何意义。风雅之人在壁龛上不摆放任何东西，就将一枝尚未绽放的花按它的原样放进没有任何装饰的花瓶里，挂在墙壁上。在这朵花的花蕾中，天与地尚未分开之时，所谓的神说"要有光"，如果说光就这样映照出它的影子，使我们能够看见它，如今的东方人是否会肯定这点呢？

可以说哲学上也是同样一回事。在东方，人们并不重视脱离精神生活的思考。也就是说，所谓的语言上的探索是毫无用处的。因此在东方，西方意义上的哲学是不发达的。然而，在不向外、专向内的精神方面的探索上，东方人远比西方人进步。

从对哲学、道理的探索这点来看，西方人比东方人更擅长抽象性的思考。相应地，就西方哲学家的个人人格而言，值得佩服之处就很少。所谓的"哲人"或"圣者"在东方更多。

要问这是为什么，理由很明显。因为"哲学家"的思考没有结合生活本身，而在东方，人们致力于让"哲理"问世，努力从精神生活的层面推导出"哲理"。不是从道理转移到行为，而是从行为中找寻出道理。换言之，在东方是将生活本身进行美化的。

要做到这点的话，必须领会无心、无念的心境。首先领会这种未加粉饰的内心，然后，按照所思来行动。

禅者生而为死人，行止皆能从心所欲才好。[1]

这之中就有万念俱空的心境。总之，"要变成孩子""不要失去赤子之心"等都是参照这一点后得出的道理。

因为是成为大人后的"童心"，所以和孩童时代的"童心"不同。我们必须要着眼于其不同之处。成人的"童心"可不是让人在街道正中小便的意思。

孩子因为是孩子，所以拥有童心是理所当然的。猫会喵喵地叫，狗会汪汪地吠。可是，人在成长，从小孩长成大人这件事是命中注定的。长大成人后，人会产生叫作思考分别[2]的能力。有这种能力是正常人，没有它的话就是痴傻。然而，长大成人后的人们把应该视为成人的特权和特殊性的思考分别力当作次要的东西，这样回归"童心"的话是一种倒退的生活。如果做着不需要思考分别力的工作的话，就会变成这样。这该怎么办呢？为什么古时的贤者教导成年人要拥有童心呢？所以，我们自己也理所当然地接受了吗？为什么到如今还要怀念伊甸园中所过着的天真无邪、没有善恶之分的生活呢？

孩子和婴儿是没有分别力的。"幼稚""天真无邪"，都

1　此句援引自江户时代高僧至道无难禅师所撰《即心记》。

2　分别：佛教用语。指分析的知识。凭感觉和推测识别外界现象；也指加以区别判断。

是指没有分别力这一点。如果成年人的行为毫无分别能力的话，那就不得了了。尽管如此仍要舍弃分别力，回归天真无邪的生活，这会有怎样的意义呢？

东方的"哲学"就是从这点出发。既分别又不分别，因为"罪孽"的存在，想要就这样过着"无罪"的生活。这里有着绝对的矛盾，那应该如何去处理这个矛盾呢？这不仅是逻辑上的矛盾，也是在日常生活中时时刻刻都会遇到的问题。人们不得不变得神经过敏。在东方，"哲学"就是生活。

在西方，人们在分别的基础之上建造"哲学"的殿堂。而且，一旦建造出巍峨华丽的神殿，哲学家就要去在那神殿旁造个又小又简陋的茅舍，钻进里面生活下去。在东方，人们不建雄伟的思想的殿堂，而是把自己的住所都改造成适合日常起居的草庐，实在是做到了在内心的最深处都能保持潇洒和清寂。所谓不论谁来都轻松自在，让人不禁联想到从前神话时代里的那种uninhibited[1]、八面玲珑的、圆融无碍的生活理念。可以这样说，东方与西方的做法，各有各的优缺点。可是，若只是为了生活的话，比起用来瞻望的殿堂，住得舒适的草庐不是更好吗？

宋代有一位有名的禅师名叫雪窦。他是一个有翰林之才的学者，很有写诗的才能。我将他写的诗引在下面。

---

1 uninhibited：作者原注，"无拘无束的"。

春山叠乱青　（春山与斑驳的青色相重叠）

春水漾虚碧　（春水荡漾着朦胧的碧色）

寥寥天地间　（在这寂寥的天地之间）

独立望何极　（独自一人站在这里，我的愿望

　　　　　　　　哪能穷尽）

　　读了这首诗，近来的春色就在我的眼前朦胧闪现，使我想起当时我去中国南方旅行，在雪窦寺与大虚和尚[1]碰面时的情景。此事姑且不提，我认为禅与诗是一体的。可以说，在禅的世界里，代替哲学的就是诗。进入宋代之后，这个领域内的收获越来越丰富。在那之后，诗占据了主位，禅的地位反而降低，成为诗的从属物。但在宋代，禅的地位还处在很高的位置。

　　我第一次读这种诗的时候，也曾想过禅不过就是"自然"神秘主义之类的东西罢了。现在回头看看，觉得自己真是大错特错。禅诗里有着更深层次的东西。关于这一点，须得另文撰写。不管怎么说，禅在谈论什么的时候，逻辑上一定都用一种矛盾的手法来表现。从存在论[2]的角度而言，禅对所有

1　大虚和尚：民国时期高僧释太虚。

2　存在论：并非单纯研究各个事物（存在者）的特殊性质，而是研究使其存在的存在本身意义的学问。即亚里士多德第一哲学以来形而上学的基础论，亦称为基于本体和现象二元论的本体论。

事物都"原封不动"地予以肯定，用"看山还是山，看水还是水"[1]、"庐山烟雨浙江潮"来予以总结。看到这里，宣扬善恶定数论的人一定会高声抗议禅真是太麻烦了，"富士山晴天也好，阴天也好"这种话真是岂有此理，怒不可遏地开始他们的议论。

还是说说雪窦的诗吧。"春山叠乱青，春水漾虚碧"这样的诗句，能够使人眼前浮现那初夏时节的一片碧绿的景色。这样的诗句，如果不是用汉字来写，可能无法去穷尽它意义上的奥妙。要是把这句话换成罗马字母，不仅会让人觉得兴味索然，还会让人对他想说的内容摸不着头脑。汉字与汉民族的思考方式及普遍情感之间有着紧密的联系，是不可分离的。只要汉民族的文化里有某种意思、某种价值，那就不能够舍弃他们的文字。

一片碧绿的春色里，绿色也会有无限的变化。虽不知这世上的植物到底有多少种，但那不计其数的绿色的变化，被它本身的形态孕育出来，渲染出这天地一色的绿的世界。若要用语言去表达，应该就是"一即多，多即一"的道理了。并且那多即一里面的每个个体，都以其各自的形态包含其他一切的个体，以自己的方式保持其特殊性。可是，在这个情况下，没有一草一木会说"我才是真正的绿"，然后去排挤其他异己的个体。它们各自拥有属于自己的绿，和其他绿色

---

1 看山还是山，看水还是水：唐代禅宗高僧行思所提出的理念，即参禅的三重境界之一。

融为一体，穷尽自己的能力去充实山野的景色。兰菊斗美、弱肉强食之类的说法，无非是成年后的人类才会拥有的观点罢了。从生物各自不同的角度来说，花儿本身是没有良莠之分的。吃老鼠的猫也好，吃鹿的狮子也好，它们心中没有憎恶的心理，也不存在谁强谁弱的自我意识，更不用说善恶有别的概念和对猎物的怜悯之心了。所有个体的特性都如它们生性那样，只是展现着它们的"童心"而已。就这一点而言，它们没有成年后的人类那样罪孽深重的部分。善恶也罢，慈悲也罢，爱也罢，天命也罢，（成年后的人类）一本正经地说着这些大道理，到处高谈阔论滔滔不绝，口舌还没干透，杀人（近来伴随着大量生产的工业化的兴起，十万二十万的杀人犯，在惊讶之中，一下子被葬送了性命）、盗窃，什么都干得出来。就这样，他们觉得自己比其他的动物，比所有的生物都要伟大得多。要是世上真有造物主，他们就想求他赶紧造出更优质的人类来。

闲话休题。雪窦在那无垠的绿色之间，一边说着"寥寥天地间"，一边在那里孤零零地一个人站着。若用逻辑、道理、分别之类的观点来看的话，一般就是特殊，特殊就是一般，既是最抽象的东西，也是最具体的东西。换言之，一个人就能立刻吞吐无限的宇宙。五尺还是六尺高的雪窦，在那春山春水、无垠绿意、千变万化的正中"独立"着。无限大就这样被那无限小包围着不见了。"望何极"，便是指零即无限的道理。若是形诸语言文字的话，只能这样迂回婉转地说出来。

在我们之间，有"境遇""境地""心境"之类的熟语。我想把这些词翻译成英文，想了很久，也去查了资料，但就是找不到合适的译词。state of mind[1]、mental attitude[2]、general affective tone[3]，还有 psychic atmosphere[4] 等等我都想到了，可是总感觉每个都对不上。也就是说，把自己和客观世界之间没有任何嫌隙，也没有因此而产生冲突的心境看作是"对一般世界，对自己，每天都有着平和的心态"。这种译法虽然看上去没有什么出入，但要说它和自己的"境遇"这层意思完全符合的话，我感觉还是有些距离的。无论哪里的语言都解释不出来这层意义，这也并不是什么奇怪的事。然而，东西方两种文化之间，有着从根本上就不同的东西。

以雪窦写的偈颂为代表，把宋代禅师的诗的表达方式和西方哲学的做法相对比来看的话，就能很明显地感受到这一差别。我把《碧岩集》里圆悟写的垂示[5]作为例子引出来。第十则里有些看上去像是具有"哲学"性或是逻辑性评论的地方。当然在别处也有类似的例子，现在我只是把手边的一个例子引用出来。那垂示是这样写的。

　　恁么恁么，不恁么不恁么，若论战也，个个立

1　state of mind：情绪。

2　mental attitude：精神状态。

3　general affective tone：一般情调。

4　psychic atmosphere：精神氛围。

5　垂示：放在每则之前的文字，大抵有概括和引入的作用。

在转处。所以道：若向上转去，直得释迦弥勒，文殊普贤，千圣万圣，天下宗师，普皆忍气吞声；若向下转去，醯鸡蠛蠓[1]，蠢动含灵，一一放大光明，一一壁立万仞；倘或不上不下，又作么生商量，有条攀条，无条攀例。试举看。[2]

突然碰到这样的文字，读者们会一头雾水不知道在说些什么内容吧。接下来我简明扼要地解读一下。

肯定和否定两者共存。修禅者选取其中哪一种时，没有预先设定。要根据不同的情况，做出肯定或否定。否定的情况下，所有的一切都一一打倒。既没有聪明人也没有愚人，善与恶、是与非、真与伪一同否定。这是绝对的否定。相反，站在肯定一面的时候，无论是什么都"对的对的、正是正是"地予以肯定。无论是微小的蝼蚁、荠菜，还是老鼠的小便，都全盘地接受其所有的价值。都在各自地发光发亮。在肯定的立场，万物各司其职寸步不让。对了，还有特殊点儿的情况，既不肯定也不否定。处于这样的情境，应该如何处理呢？有没有什么这样的例子呢？还是举一个例证给你看吧。

这就是圆悟禅师的"垂示"，也即序言一样的东西。

汉人的头脑并不擅长抽象思考。什么都是具体的。因此圆悟禅师的文章中一点都没有"哲学"的味道。从"怎么不

1　醯鸡蠛蠓：原指酒瓮中生的小虫。
2　出自《碧岩集》卷一第十则。

58

怎么"开始,到释迦云云,都不存在。悉数否定。相反,跳出来的跳蚤和虱子,都是些活生生的东西。于是问道:到最后如果有不偏不倚的立场,那是怎样的呢?这跟"哲学"家的辩证法的内容非常不同。并不是按肯定到否定,然后再到综合这样一个顺序。而是想要超越肯定和否定,进入另一新领域。那么,让我不抽象地,非常具体地给你看吧。

唐朝有一位名叫睦州的修禅者。云游僧人路过此地,睦州说:

"你是从何处来的呢?"

僧人一言不发,只是大喝一声。[1]

睦州说:"我被你喝了一声。"

僧人又喝了一声。

睦州说:"你乱喝几声,然后打算怎样?"

僧人沉默不语。

于是睦州便打僧人说:

"你这虚张声势的家伙!"

从普通的眼光去看,这是在干什么,完全弄不清楚状况。又在怎样的情形下超越了肯定和否定呢?看起来不过好像在打架一样罢了。最后,和尚打了云游僧人,说出了嘲讽的话。究竟真的是如外行人所认为的嘲讽的话吗?这得试着琢磨琢磨。

---

1 德山棒、临济喝均是禅宗著名的待人手段,此处云游僧却是虎头蛇尾,虚张声势,学高僧喝人手段。

大家所关注的都是这里的一喝、两喝，或是三喝之类的行为有什么样的深意在内吧。"喝"在日本一般发音为"カッ"，是一种喊叫声。这喊叫声哪里有肯定哪里有否定，又是哪里发展出了超过肯定否定的境界呢？真让人一点儿头绪都没有。在云游僧人的"无语"中是否应该看到"维摩一默如雷"呢？怎么样？睦州最后的一棒，是绝对肯定、绝对否定，还是绝对超越两者地从其他生命中喷发出来的呢，这又是怎样的呢？

无论如何，这一定有某种象征着什么的东西。这既不是排中律，也不是二律背反，也不是二者择一，但是其中心一定有某种东西在里面。总之，枯燥无味的抽象的理论形式在这里毫无意义。A是A，A不是非A。这样的形式在生活中怎么套用呢？早上起来说"早安"，这是肯定还是否定，还是既不是A也不是非A的绝对肯定？这是什么超越性的问题吗？除此之外还有其他逻辑存在吗？究竟是怎样呢？怎样呢？

把这用在睦州和云游僧人之间的问答来看，会变成怎样的样子呢？

"你从哪里来？"（你到底是谁，你的出处，你的去处？）

喝！（这是怎么回事？是"我从天上来"吗，是"我从地下冒出来"还是"天上天下唯我独尊"的意思呢？是"花是红的柳是绿的"吗？还是路德的"我现在站在这里除此之外一无所知"呢……）

"吃了你一声大喝。"（这是肯定还是否定呢？）

喝！（这和第一次有什么不同？）

"又来了？然后呢？"（这是什么打招呼方式？是某种"哲学"吗？存在论，还是虚无说？）

……（这是窘迫的沉默吗？还是有其他的意思？）（睦州用一棒回应之后，怒骂）

"你这虚张声势的家伙！"

如果是柏拉图或是苏格拉底的话，一本对话集就此可以诞生，但禅师的话就仅仅是如此而已。但是，把这样的一挨一拶延长的话，谁又能断言不能成为一本书呢？

雪窦口诵完这一则后，最后又添上一句"拈来天下与人看"。天下人会怎样"看"、怎样评论它呢？圆悟禅师做注解曰："姑且说下该在怎样的状态下'看'它呢，睁着眼看也不行，合上眼看也不行。谁能从这个困境中幸免呢！"[1]

这一段因缘，真是无从着手。睁着眼看也不行，肯定它也不行；闭着眼看也不行，否定它也不行。这样的话该怎么办呢？在这样的无可奈何的情况下，就照着去做，从中体会，这就是东方式"哲学"。

"天下人"都不大知道除西方式"哲学"以外还有这样的哲学。因此我们的任务就是把这告知世人。

时值晚春初夏之交，窗外，隔着山谷，可以眺望到一派"乱

---

1 雪窦重显《颂古百则》：两喝与三喝，作者知机变。若谓骑虎头，二俱成瞎汉。谁瞎汉，拈来天下与人看。圆悟注：且道怎么生看？开眼也着，合眼也着，还有人免得么？

青"的瑞鹿山。每回看到此景总是想到雪窦的诗句,聊记于下:

堪对暮云归未合,

远山无限碧层层。

（原载于1961年7月号《心》）

第三章

现代世界与禅的精神

首先从禅开始。

从根源上来说，禅之中是没有任何时代性的东西的。现代人也好，中世时期的人也好，乃至从现在起直至数千年以后的人也好，无论哪个时代的人，只要人还是人，禅就会被需要。因此，尤其是所谓的"近代禅"，可以说是不存在的。但是从吸收禅的方面来说的话，禅的哪一面在哪一个时代是否最为适合，应该是可以谈谈的。

一

　　那么，就举出可以称得上是修禅的物理形式，以及禅原本具有的特性这两点，来看看禅究竟对现代人起到什么作用。

　　所谓修禅的物理形式，通常来说就是坐禅。也就是结跏趺坐。双脚交叉，然后将其放在大腿上，挺直脊梁骨，脖子微微向前弯曲，腹部用力，胸口放松。放缓呼吸，让气息自小腹出入。

　　这个姿势为何有益于修禅呢，医学上也有很多说法。然而，从常识来说，应该是如下所述。小腹用力是自古以来在东方被常常提到的。事实上，我觉得应该是把横膈膜往下沉，使胸部保持宽松从容。也可能并不是这样。总而言之，这样做的话，呼吸会变得轻松，心跳也会变得平缓。

　　此外，所谓将脖子微微向前弯曲，就是把视线放在大概前方三尺的地方。这样放脖子的话，间脑的活动就会变得自然，由间脑产生的神经所支配的各个内脏器官都会顺畅地活动。这样就能让身体状况变好。

结跏趺坐是印度式的坐法，它对于平心静意有所帮助。一开始的时候腿可能会有点痛。特别是由于近来人们都习惯了坐在椅子上，对于年轻人而言，这可能会很难受。不过，很快就会习惯的。这样的话，一定可以体会到舒适感与镇静感。比起一般的日式坐法更有安定感。要说那是为什么，是因为屁股坐在地板上，与地板直接接触，也就是和大地直接接触。虽说地板和大地是不同的，但是直接坐在大地，这在现代生活中是很难做到的。就把地板当成大地好了。大地是不动的事物的象征。因此，结跏趺坐也意味着不动。在现代生活中，不把不动之感看作最重要的东西是不行的。这从现代人过于活跃这一点来看，就完全明白了。

　　在杜鲁门刚成为美国总统，日日忙于政务，极度繁忙的时候，有人对他说："你可真能忍耐啊！"杜鲁门道："因为我有一个'狐狸洞'，可以躲进里面养神。""狐狸洞"是军队用语，指一个人用的壕沟。杜鲁门大概是在官邸的某一处选择了一间安静的房间，一个人在那里休息，设法让内心沉静下来吧。或者也可能是用某种方法，成功地在内心的一隅腾出了一块空地吧。总而言之，用东方式的说法就是静坐吧。也就是结跏趺坐而后将心沉入气海丹田。

　　我们总觉得，比起坐在椅子上，在地上坐禅似乎更有效。

　　过去常常说，一旦坐禅，就可以使人变得冷静、沉着、无畏。禅本身虽然不会唠唠叨叨地强调这些，但从修禅的物理性的一面、医学方面及生理方面的作用来看的话，确实有上述psychosomatic[1]作用。

不过，仅只是结跏趺坐也是不行的。必须要将心神集中在一点之上。只是单纯地数着呼吸也可以。想一些陀罗尼之类的咒语也可以。再有，进行冥想类的修炼也可以。还可以练习灵性。做心内的祈祷也可以。提撕公案[2]也可以。念佛念神都可以。设法把心放空、不回应外界的刺激是修炼的第一步。

---

1 psychosomatic：作者原注，"身心方面的"。
2 提撕：提挈之意，即导引后进之人。公案：禅宗指前辈祖师的言行范例。

二

　　以上所说的虽然并非禅本身，但我相信仅仅是这些，对于现代人而言也是大有裨益的。那么，禅本身是什么呢？这也许不太适合一般大众。但是从正面来说的话，虽然我认为作为人必须解得禅，然而这并不是任何一个人都能做到的。必须要像等待黄河水百年一度变清一样，耐心地等待。知道的人，或者说至少是相信它存在的人，都能很好地化解人生的危机——对于个人而言是如此，对于集体而言亦是。

　　虽说本不必再重复一遍，神的本来性质虽然有物体自身，或是自我的本源，或是自心源，或是本有之性，或是本来的面目，或是祖师西来意，或是佛性，或是听法底人，或是无位之真人，等等各种名目，说到底，还是存在于体会自己内心深处的东西之时。不单单是概念性的把握，而是如同在感官上听声、辨色、闻香那样，用内心本身来验证自我的体验。说到观形、听声，分为主动听到的和被动听到的、主动看见的和被动看见的，两者之间是相互对立的。然而，就内心本身而言，没有能所性质的对立。能者即所者，所者即能者。看见的便是被看见的，被看见的便是看见的。不是一个被看见分为两个，而是一个将那一个看作一个。只是用语言来表述的时候会说"一个""两个"之类，内心本身却并不适用于这种说法。因此，就会说出看见了又没有看见，没有看见却又看见了这样矛盾的话来。也因此，即便是说"内心本身"云云，也已经迟了八刻，从正面被击退。

内心本身就是物体本身。于是，修禅之人发下豪言：即便说我的心直接包含天地、吞吐宇宙，也不是什么夸大的言辞，不过是稀松平常的事罢了。当然，事情确实是这样的。

虽然世人常说佛教是唯心论或是泛神论之类的话，但由于这些说法都是基于西洋思维方式的分类法，在东方都是完全没法理解的。禅排除一切的语言。逻辑、辩证法、哲学、形而上学等等，每一个都是在语言上的追索。人类本来就具有社会性，没有语言的话，一天都过不下去。但是只依靠语言，无法看透其中蕴含的东西 —— 真正的经验的话，便会犯下巨大的错误。想要用西方的思维方式来批判东方原本的看待事物的观点的时候，就必得先靠近观察东方的事物之后才可以。在不了解东方的情况下，用西方的那套推测一切的人，不必说东方，可以说是连西方都弄不明白的家伙罢了。

在禅史中可以看到诸多印证该事实的实例。姑且引用手头的某本书中的一个小故事吧。这是一个发生于十一世纪的宋朝的关于荼陵郁禅师的故事。一日，从庐山来了一位化缘的僧人。谈论间，郁禅师向这位僧人请教禅理。于是这位来自庐山的僧人讲述了这样一件事：曾经有僧人问法灯禅师："百尺竿头，如何更进一步？此事作何解呢？"法灯禅师只回答了一声："哑。"这是危难之际在无意识间发出的声音。郁禅师听罢，怎么也参悟不透。

唐末曾有一位叫作长沙景岑的禅师作过一则偈语："百尺竿头坐底人，虽然得入未为真；百尺竿头须进步，十方世界是全身。"郁禅师的疑惑就缘于此。假若再进一步，便是诸如坠入万丈深渊的未能可知的极度危险之地，又为何还要更进一步呢？对此，郁禅师朝夕苦苦参研。据说有老妪听闻世人皆罪孽深重，地狱必定存在一说而彻夜难眠。该当如何度过苦厄？人不被逼到这般穷途末路的境地，就无法被救赎。现代人见到眼前之"无"，也只是战战兢兢、惶惶不可终日罢了。即便人生无任何意义，但人还是抵触死亡。死亦无意义，一切皆为虚无。那么，究竟该如何是好呢？立于百尺竿头，前后左右皆为"无"。满脑子总是万万不可堕入"无"之地狱的忧虑。患上神经疾病的不仅仅是存在主义者。那又该怎么办呢？

郁禅师也是一名存在主义者。然而他并没有从事哲学的研究，并未成为语言和逻辑的囚徒。他只是对此十分在意，不知因何种缘由，一心挂念着。某一日，郁禅师应邀骑驴外出。过桥时，因为有一块桥板破损，驴子突然一脚踏翻桥板而栽倒。驴背上的禅师，惊慌之中脱口而出："哑！"就在这一刻，他脑海之中一直以来模模糊糊的疑团豁然而解，顿时开悟。百尺竿头，一朝跃过。所有的自我完全投入了"无"的中心。"飞身入古塘，借此一跃之力浮出水面的青蛙"正是此时郁禅师本心的写照。他在顿悟时作的诗偈是这样的：

> 我有明珠一颗，
> 久被尘劳关锁。
> 今朝尘尽光生，
> 照破山河万朵。

　　道理、概念、唯物，样样皆无，这样能体悟到什么呢？明珠是什么？所谓宇宙被照亮了一片，指的是什么意思？生是无意义的，死也是无意义的，没有任何的过往，这其中为何可以展现出山高水长、花红柳绿的净土呢？"百尺竿头"，究竟去往何处？

三

　　或许有人将这种经验解释为一种氛围。这不过是因为其自身并无这种体验而已。仅仅从氛围出发的话，便不会出现像佛教这般深奥的哲学，也不能形成贯穿一生的安心的基础，更无法产生撼动他人的魄力。释迦牟尼耗费了数年的时光，在投入全身心的大奋斗中修成的正果，并非像安逸的氛围那般浅薄。此外，像四谛、十二因缘这般不外乎道德因果观的观念，无法推断出它们不会超出俗世的思想。净土宗思想的传统，将其称为"横超"或是"超证"[1]。这其中，有着一种存在性的飞跃，这是毋庸置疑的事实。这样的事实是被赋予的，而非人为的产物。

　　禅家将这一感悟称作不可得，或是无所得[2]。另外，道德意义上称作无功用。这并非单纯意义上与有相对应的无。因为是

1　超证：超越证，指超越前果而直接证入后果。为"次第证"之对称。
2　无所得：佛教用语。主要指禅宗修行者因悟出缘起之理而超脱贪恋和世俗之见，处于不受任何约束的自由境地。

超越了有无的无，不应称其为消极的虚无主义之类。是具有绝对积极性的终极肯定。真正的自由自此而生。自在、自然、自重、自尊等等，皆于此有其本源。有所谓"天上天下唯我独尊""独坐大雄峰""寥寥天地间，独立望何极""乾坤只一人"等说法。正如唐朝云门大师所云"大用现前，不存轨则"[1]，这并非是任意的放纵，而是从具备无限可能性（称为万德）的"无极"或是"毕竟空"的深处自然涌现出来的。在消极的、对立的无之中，"大用"是不会出现的，这是因为，它总是被限制着的。

正因为是具有这种积极性的"无限"，所以无论是下文提到的矛盾还是其他，都能够一口气吞下去。所到之处都是无边无际的圆环的中心，故而可谓"十方世界现全身"。或谓"万象之中独露身"，也是可以的。用眼去看、用耳去听时，可以说是不离分别心，识取无分别心[2]。说得详细一些，便是于见闻之境中不离见闻，进而"识取无见闻底"之意。再进一步说的话，就是眼处闻声，耳处见色。

由于世人总是有区别地将耳用于听、眼用于看，一旦颠倒过来说用耳看、用眼听，不由得大为吃惊，便会诘问为何会有如此离谱的说法。若是被拘束在三维空间或是历史的时间中，便无法觑破形而上的事实。对哲学家及其追随者们来说，只能愕然瞠目而已。最近的一个例子是现在伦敦居住的阿瑟·库斯勒。他近期有一部叫作《机器中的幽灵》的著作。

---

1 大用现前，不存轨则：禅语。意谓佛法之大用与展现没有一定之规则。

2 无分别心：指舍离主观和客观的相对之相，而达到真正平等的真实智慧。

其中有一篇涉及禅的文章。虽然并不是没有有趣的观察，但是在评价禅本身时，却完全是错误的推论。这可以说得上是这方面的代表事例。另外，还有想要解禅但偏离了预想的艾伦·瓦兹。此外，英美那些谈论禅的博学之士中，有人试图从解释学或语言研究的角度出发，理解禅表面上的矛盾及悖论。日本人中同样有这方面的行家。都是"错了也"。"错了也"这句禅语说白了便是"不可、不可"的意思。

其中也有些似是而非的见解，被禅者评价为"更参三十年"[1]，也就是"相去甚远"。举一个美国哲学家的例子吧。此人之前从敝人有关禅的英文拙著中摘录了部分内容，按一定的顺序排列，题之为*Zen·Buddhism*（《禅·佛教》），并发行了普通版。在大洋彼岸还颇为畅销。编者威廉·巴雷特博士是纽约大学的老师。相较于哲学家的身份，他更愿意以艺术家自居，他最近的著作题为《非理性的人》。书中引用了欧内斯特·海明威在小说《一个干净明亮的地方》中，借酒馆侍者这一主人公之口所输出的观点——万物皆虚无。故事中的酒馆被设定在西班牙，侍者的独白也是西班牙语，原文作：Nada y pues nada y nada pues nada。

一言以蔽之，便是"虚无又虚无，虚无之外仍是虚无"。nada即虚无，也可以说是"一切皆空"。海明威笔下的侍者模仿基督教的主祷文喃喃自语。敝人试着将其译成日语，不

---

1 更参三十年：佛教用语。从头开始修行。多用于指出修行不成熟之处，并进行鼓励。唐代时，三十年为一轮修行。

知是否准确，姑且放在下方。

我们那比虚无更甚的虚无啊，愿人都尊你的名
为虚无，你的国为虚无，正如你的心中有着虚无一样，
请存在于虚无的虚无之中吧。请赋予虚无的我们日
复一日的虚无吧。正如我们将我们的虚无也变为虚
无那样，将我们的虚无化为虚无吧。将我们化为虚
无吧。请拯救我们于虚无之中吧。除了虚无还是虚无，
迎接虚无、充满虚无，虚无与你们同在……

这种论调还是绝望的、带有存在主义色彩的nada。与禅者
所说的"无"[1]与"空"[2]有着天壤之别。禅宗所谓的"无"与消
极性、否定性、寂灭性、破坏性等等之间没有一丝一毫的关系。
由于有着无限的积极的可能性，因而总是"劝君更尽一杯酒"。
这并不是要喝到酩酊大醉、不省人事，而是陶陶然地小酌一杯，
以缓解一整天的疲劳。说起禁酒家或是戒律来就太死板了——
虽然现在这种人也不多见了吧——姑且不论这小酌一杯，对
于我们这种凡夫[3]俗子而言，比起整天歌颂"无""祷告""无"
还是直接践行"无"，更能体味其中的人生妙趣吧。

1　无：佛教用语。物象皆无。禅宗指超越了"有与无的对立"的彻悟的世界。
2　空：佛教用语。佛教认为万物皆由因缘所生的假象，并无实体。
3　凡夫：不能在佛教的真理中觉醒，在欲望或执着等烦恼的困扰下生活的人。
即凡人。

四

看山是山，看水是水，这不就是"色即是空"[1]吗？这其中的空和无，并不是山移走后、水流去后的空洞或虚无，而是从那山高水长中观得的空和无。

> 心随万境转，
>
> 转处实能幽。
>
> 随流识得性，
>
> 无喜亦无忧。

如果仅仅把这体验看作是一种氛围，就太暴殄天物了。无论如何，西方哲学都至少应当真正地进入一次这种状态。说着"回到事物本身""Zu den Sachen selbst"[2]，却站在外部观

1　色即是空：佛教的基本教义。意谓世俗世界的一切物质现象（色），仅仅依因和缘而存在，并不具备固有的本质（空）。

2　Zu den Sachen selbst：德语，意谓回到事物本身。

望，是没有任何用处的。应该先纵身跃入其中，再开始尝试从语言与概念的维度进行交涉。

宋朝时，五祖山有一位十分了不起的禅师名叫法演。他写过一篇偈颂，如下所示：

> 学道先须有指归，
> 闻声见色不可思议。
> 若凭言语论高下，
> 恰似从前未悟时。

既然生而为人，就应当有一处立足之地。也就是说，必须找到安心立命的地方。虽然悠悠度日也是一种乐趣，但其中也得有所宗旨。饿了吃饭、渴了喝水、困了睡觉、醒来干活，像这样每日都过得惬意快活，确实是幸福到了极点。但是，如果此时没有一点"抑制"的话，便不配为人。有一种对于价值的自觉意识，这种自觉意识便是宗旨。那么，它是什么呢？

眼观、耳闻，看似没有什么不可思议的地方，实则不然，且大不可思议。这便是不可得，这里必须要有所领悟。而语言学、解释学、逻辑学、哲学等学问，没什么可稀奇的，不过是平常。能够印证感觉与理智的"不可思议""不可得""无所得""究竟之地"[1] —— 我认为这很妙 —— 这里必须要有与之

1　究竟之地：佛教用语。终极之境，最高的境地。

相契合的地方。这种契合——可能会有各种各样的名目——以它为地基时，在它上面，任何思想的建筑都能够建成。建在沙子之上的地基是十分不稳定的。即便是哲学家，其住宅都必须能够抵御风灾水灾和地震才行。我坚信，能够提供基石而非沙石的，是东方而非西方。我坚信只有东方才能做到，西方是做不到的。

必须要明确这世上存在"思议"和"不可思议"两个世界。思议的世界即理性的世界。理性的特征便是，无论什么都要先一分为二，然后再思考。正是因为一分为二，理性有了客观性，不仅仅给自己，还可以出示给任何人看。这就好像是在公共市场上买卖东西一般。商品公开展示在大家的面前，才可以你来我往，品评商品，制定价格。由此，事物变得明了。这都得益于一分为二的做法。

因此，思议的世界也是分别的世界，是一个可以从别处学到东西的世界。所以才认为没有不可思议。然而，我们必须牢记的是，分别并不仅仅因为能够分别而存在，分别之中也蕴含着无分别[1]。由于分别无论如何都无法脱离客观性，所以与之相对的主观性也不可或缺。正是在主客观的对立之下，理智才得以成立。但这也只能触及事物的表面而已。事物本身是无法参透的，"我"个人也无法参透。这虽然可以通过语言记述下来，但也无法再更进一步了。因为无法参透自己，

<hr>

1　无分别：佛教用语。超出相对主观和客观，指在进行识别及辨别之前就有的真正的智慧。

那么也就无法参透被认为与之对立的物体本身。想要参透这些，无分别的分别是必不可少的。"居然还有这等事"，住在思议界的人们心情是讶异的。他们 —— 主要是哲学家 —— 从未尝试过真正意义上的"退步体究"[1]和"回光返照"[2]。如若只是将事物一分为二以后，站在二者之上的话，是怎样都无法参透的。

"回光"也好，"退步"也罢，如果说按照思议界的思维惯式，将事物分为前与后，或是内与外，然后才有"回光"的话，就可以顺理成章地开始考虑从前往后、从外向内了吧。这样的转变是无法亲身体察的。体会与习得也都是不可能做到的。这样是不行的。

不仅是禅宗，就整体佛教而言，能够谈及审视内我、观照事物等话题的场合，都意味着脱离了具有可知性、思维性和逻辑性的方法，也就是所谓的超证[3]。"超越"是极为关键的。不是站在同一平面，而是站在不同的维度上。就算这么说也还是会有许多人想错，所以，姑且就以向着未知的领域勇敢前进或是入侵的决心，豁出全部所有。是时候不得不这么做了。思想家往往站在外围，换言之，他们基于客观的态度养成了习惯，所以内心也不可能变得果断大胆。在这个层面上，

---

1 退步体究：佛教用语。指后退一步，亲身体察考究。
2 回光返照：佛教用语。指检查自己的身心，自我反省。
3 出自亲鸾禅师的《教行信证》：临终一念之夕，超证大般涅槃。超指超越，超证指体验阿弥陀佛不可思议的愿力。

禅师和普遍的哲学家之间有着不可跨越的鸿沟。

正如苍蝇、蜜蜂紧贴着玻璃窗挣扎。亦如钻进钱筒里的老鼠，不知退却从而陷入同样的困境——这就是所谓的哲学家。一心看向虚无，却没有"断然"冲入虚无的精神准备，也就是下不了决心。"比虚无还要虚无"的神啊——只有这一点，是虚无之神所不明白的。必须向着被认为存在的虚无的中心，投入自己的全部所有。我们常说未知的世界是可怕的。虽说的确如此，但是让人感到可怕的所在究竟是什么呢？这样想着，然后毅然地冲往未知的世界。仿佛是一心看向虚无，但是岂知虚无实际上就是自身所在。如此一来，东西南北、前后左右，皆是虚无，自己与他人也都是虚无。如果下定决心跳入虚无的无底深渊，不等陷入深渊，在下定决心的那一刹那决心本身也变成了虚无。这种情形下，没有"退步"，也不存在"回光"，自身，原封不动地便是虚无。前后内外、过去现在未来都是进入虚无之后才开始变得有意义和价值。这叫作不可思议，叫作妙。而且这也是不可得、无所得、无所用的。"专修"哲学的人们，请不要忘了你们的哲学理念是在领悟的基础之上建立起来的。

五

禅客所说的"朕兆未分以前晓会，思量意路未动以前识取"，讲的就是这个道理。如果做不到这些，就只会被他人的言论所吸引，变得不能自由行动。虽然前面说"大用现前，不存轨则"，但这实际上是自由创造的世界的讯息。尽管说着"就那样""就这样"，但是如果不能一次就通晓这些自由的讯息，那么不管说什么，终究是胡说八道。唐代中期，在禅宗即将越发兴盛的时候，有一位从古至今独一无二的禅师，名叫马祖道一。有一回，马祖道一看见一位僧人正要下台阶，便唤了一声"大德"。所谓"大德"应该是"您"这样的意思吧。今天我们朋友之间的话，叫的是"喂喂"之类。于是，那位僧人转过头来。不管是谁在这种时候，做出这样的举动都是最自然不过的。这时，马祖说了如下这句话：

"从生到死，只此而已。朝向那里，又朝向这里，成了什么呢？"

这么一说，僧人当下便开悟了。

仅仅看这个，确实是一刹那的事情，肯定觉得没有完全弄懂。稍作说明的话，这位僧人并非只是下台阶而已。一定是认真思索，一副沉思默想的样子，从而连师父马祖在旁边都没有注意到，一级一级地，在梦中下着台阶。这时，出乎意料地，被师父的一声"大德"惊醒，不由得无意识地回转过头去。于是，他发现，叫他的人，不出所料就是师父。接着，师父又说："哎呀！真是个糊涂人！一直这样不就行了吗？不需要看向这边看向那边的。"平生迷惑不已、正在黑暗中摸索的僧人不禁说了句："啊！是这样啊！"一直以来历经千辛万苦到处追寻的"是者汉"，不就正在眼前吗？既是如此，说着"这个"，不从执迷中跳脱出来的话，就不知道该往何处去。只有肯心自许[1]而已。

　　问何为"佛"，

　　"佛"。

　　问何为"法"，

　　"法"。

　　想着原来如此。

　　问何为"禅"，

　　"瓦的碎片"。

　　问何为"道"，

　　"碎木片"。

1　肯心自许：佛教用语。指佛法真正地从内心外露。

在这样的情况下，倘若听到了荒唐无稽的问答，应该会无所适从吧。

此外，有时也会有如下的问答。

"诸和尚子莫妄想。山是山，水是水，僧是僧，俗是俗。"

（除此之外还需要探究什么吗？饥则食，渴则饮，这不就足够了吗？）

若有这样的说教[1]，便有一个和尚站出来说：

"学人见山是山、水是水时，如何？"

这时，讲经台上的和尚将手举起，在空中画出一条线，说道：

"三门为什么骑佛殿，从这里过？"[2]

像这样的学佛问答不胜枚举。禅文学便是这样形成的。但是将事物神秘化并非禅的功用。神秘存在于哲学或是语言学那里。不出思议界的范围之内，无论如何都要依附无始劫来[3]的积习，不得自由。这也是不得已的事情。也有一位禅僧说过下面这番话：

"还未参禅时，看山是山，看水是水；稍稍参过禅的话，看山不是山，看水不是水；然而，修行圆满之后，看山还是山，

---

1 说教：宗教上指宣讲教义以引导信徒。
2 此问答出自《五灯会元》卷十五《文偃》。
3 无始劫来：指从很久远的时间以前一直到现在，并且很有可能还会持续下去。

看水还是水。"[1]

必须要一次性地跨过"看山不是山，看水不是水"的时节。否则便看不到真正的山，也看不到真正的水了。《般若经》里有"A不是A，故而A是A"这样的说法。这是一种不曾陷入亚里士多德理论圈套的见解。然而，要进入物的真相之中，便不得不经过这条"矛盾之路"。不用在语言的层面上进行整理，而是必须体会，必须"知见"[2]。

---

1 出自《指月录》卷二十八："老僧三十年前未参禅时，见山是山，见水是水；及至后来亲见知识，有个入处，见山不是山，见水不是水；而今得个休歇处，依前见山只是山，见水只是水。"
2 知见：佛教用语。指悟道，客观地认识事物。

六

　　大体上，我打算在此稍作停歇。禅这种东西，与现代人的生活究竟存在怎样的联系呢？尽管我觉得稍作思考自然就会明白，但如果一定要说一点的话，应该会是这样的：

　　首先，现代人唯一热衷的事就是把自己封闭于组织之中。组织当中也分许多种类。社会生活本身就是一个大的组织。宇宙全体则已是一个巨大的组织。作为人类，是无法脱离组织活下去的。存在本身就都是组织结构的一部分。这种意识在现代人的心中得到了极大的增强。有的政治家会夸下豪言，说世界正悉数进入共产主义社会。但是，无论成为多么狂热信仰组织的信徒，他们也自知无法说出要把人类社会变成蚂蚁蜜蜂式的生活组织那样的话。无论嘴上怎么说，都不能忽视人类生活的事实。出于对现状的不满，从而想方设法开辟新的前途，这样的想法是无论哪个时代都有的。于是，年轻人们没有经过深思熟虑，就提倡说：如果能迅速地实现共产主义国家体系就好了。至于共产主义国家是怎样行动的，那里的国民们又是怎样享受生活的，他们并不十分清楚。所谓铁幕[1]背后，多半都被秘密的帷幕所掩盖。这就十分可疑了。没有什么东西能把一切都暴露在青天白日之下，毫无保留地展示给天下人看。无论怎么解释，一定都还在某处藏有阴暗的部分。真想一窥这些阴暗的角落。恶一定把这些地方当作绝妙的栖身之处。

人类生活的终结，必须选择将自己从所有人工组织中解放出来，在自我的组织中进行日常生活的时机。也就是说，当人脱离了客观的制约，进入了主观的自然法尔[2]的世界之后，就是人类存在的终结之时。这个终结不知什么时候会来临。它来也好不来也罢，仅仅是一个劲儿地朝着这个方向前进就已经收获颇丰了。在此之前，人为的组织会随着导致人类终结的各种条件的转化而发生转化。所谓各种条件，指的是自然界的环境及组织构成者的知情意[3]方面的进展。（这种内外的条件指的是最广义上的。）由于这一系列的条件始终在发生着变化，以此为基础扩展出的人类思考并创造出的社会组织，是绝不会具有永久性的。

此外，一处场所、一个时代中的构成，能够一成不变，

1　铁幕：特指冷战时期将欧洲分为两个受不同政治制度影响区域的界线。铁幕以东以共产主义意识形态为主，以西则以资本主义国家为主。此处铁幕背后，指的是共产主义国家。

2　自然法尔：所谓自然，即指事情之自然形成；所谓法尔，即指依循真理而同于真理。

3　知情意：由康德最早提出的"知情意"三分理论，指人的心智的三种基本模式——认知、情感和意志。

无论到何时，无论去往何处，都完美无缺，这就好比痴人说梦。因此，我们必须明白，这是一种始终带有不稳定性、变化性和局部性的事物。

人为对自然环境加以改变的范围是有限的。但是，应该视作永不改变的，不，是必须明确认定为永不改变的东西，是我们内心自由的创造力。将其称为内心，正如我之前所述，是一种颇有缺陷的表达。然而，眼下无暇对此展开详细的论述。无论如何，处于我们人类内心极限的东西是亘古不变的。因为这是人类社会组织真正的根源，不管做什么、想什么，我们都必须要将这里定为思考最后的归处。

关于内心的极限，禅学中通常对其有各种各样的命名，比如"我""自己""本来之面目""无位真人""不与万法为侣者""平常心""非心非佛"[1]"无分别心""无知之知"，等等。它能使万德达到一种圆满之境。将万德直接称作万法也是可以的。或者也可以说是"大用"或是"妙用"。有"真空妙有"[2]这种说法，不过还是"真空妙用"这种说法更好一些。这些说法，无论哪种都是一种无限的自由，所以也并不存在什么"轨则"。不被组织所限制，反过来成为创造组织的主人公。

1　出于唐代僧马祖道一[？（一说709）—788]之语。《五灯会元》卷三马祖道一章：僧问和尚："为什么说即心即佛？"师曰："为止小儿啼。"曰："啼止时如何？"师曰："非心非佛。"马祖平日以"即心即佛"一语指导学人，而复以"非心非佛"一语斥破学人对"即心即佛"之执着，其实两者并无差别。
2　真空妙有：该词来源于道家哲学。佛教传入中国后借用了老子的"无"来言"空"，形容有与空之间并没有绝对。"妙有"是超乎"有"和"无"以上的原始存在。

宋代的佛眼和尚，虽然作风有些老派，却也打了个有趣的比喻。

从前，有个行路人迷了路。他决定在道旁的空屋里过夜。可是，到了半夜，有一只鬼带着人的尸体进了屋子。不一会儿，又有一只鬼来了，说："这尸体是我的东西，哪能随你处置，把它给我。"

先进来的鬼说："不对，先进来这里的是我，是我把它背过来的。"后来的鬼对它的话充耳不闻，一把就将那猎物夺了过去。于是先来的鬼说道："真是岂有此理！这里有一位客人，他比我们来得都早，投宿在这里，不如去问问那个人，让他来当证人吧。"

两只鬼来到行路人的面前，问道："这具尸体是谁带来的？"

行路人心想："不管是谁带来的尸体，鬼这帮家伙都不是什么好东西，到最后恐怕我也要被它们吃掉。以前我听说，如果临死的时候不撒谎的话，就一定能投胎转世去天道。没关系，只要不撒谎就好。"如此下定决心，说："这尸体是前面的鬼带来的。"

后来的鬼听到他这么说，哪有不生气的道理，立刻就朝行路人猛扑上去，将他的四肢扯了下来。

先来的鬼看到这场面，心想："这可真是可怜！无辜的行路人因为帮我做证，才遭遇到这场横祸。"于是他飞快地将尸体的四肢拿来，将行路人的身体修补如初。然而，后来的鬼又将行路人的头、脸、内脏等全给扯了下来。先来的鬼又逐一

89

把尸体相应的部位取来，照原样修复好。

最后，两只鬼一边争吵着，一边把行路人被扯下来的支离破碎的手脚、内脏等等吃了个干干净净。就这样连痕迹也没留下，消失得无影无踪了。

然而，被留在废屋里的行路人，尽管自己原来的头颅、内脏及四肢，皆为两只恶鬼吞噬殆尽，但自己并没有死去，仍然活了下来。自己从父母那里得到的躯体已然死去，然而现在的身躯，原本是归属于其他亡者的。自己到底是谁，一旦开始这样思索，行路人便坐立不安起来，如狂人一般开始迷惑不安。

所幸，他遇见了附近寺庙里的和尚，解开了疑惑。

这一段故事颇有意思，有许多值得参考之处。第一，所谓我们自己的身体，这，到底是不是属于自己的，究竟如何呢？谁都会认为自己的身体属于自己，然而真的是这样吗？若是属于自己的，那似乎便可自由地支配，但怎么也做不到。人不是自己想要出生才出生的。人是父母所生，而其父母也并非随意诞下他们的孩子的。无论怎样回溯过往，也无法找到自己的自由意志。无论是理论上、生物学上还是生理学上，无一是靠自己的想法来完成的。

然后是自己出生的时间及地方，也即是自己所被给予的根基，既然是给予的根基，在此处也并未加入任何自己的自由意志。虽道人是环境的产物，但无论是从外向、客观上还是物理上来看，都不得不那样去考虑。仅有必然，没有自由。

即便说着"我自己，我自己……"，拼尽力气，也无济于事。如果像是现代那样，无论何事皆在组织中固定地进行的话，那就更不用说了。正如艾希曼的辩白[1]那样，一切都是命令。巨大机械的一个小齿轮，无论怎样都无法被别人关注。（齿轮本身）并没有任何责任。

话说回来，反过来从内向的角度来看，"自我"依然存在。不仅仅是小小的地球，就连三千大千世界也能一口吞下去的东西，就潜伏在这里，实在是不可思议。不仅仅在空间上，在时间上也有这样的情形。三世也不过轻轻一握就碎了。就连说过"要有光"的无始劫初的神明，而今也出现在了眼前。客观来看的话，别说是成为鬼的饵食，甚至也会被狗吃掉。尽管如此，到了主观方面的人生，就会变成刚刚所说的那样。

尽管手脚和头颅都被鬼随意地替换了，但"我"依然是"我"，这究竟是怎么一回事呢？客观而言，在语言上可以思议的存在之中，必须思议到与之完全不能相容的"不可思议"的根源，为什么会混入其中呢？在"身体"这个组织中，甚至是在最严格意义上的组织之中，与之并无交涉的名为"我"的意识，为何会潜伏于此？据说，尽管"我"是物理性、生理性的身体，在达到一定的组织程度之后，会发生自然而然地从中脱离出来的epiphenomenon[2]。因此，也有学者认为，不

1　艾希曼的辩白：1961年2月，纳粹德国高官阿道夫·艾希曼于耶路撒冷受审，面对犯罪指控，以"一切都是依命令行事"作答。
2　epiphenomenon：作者原注，"附带现象"。

必为此而争吵。然而没有比这更荒唐的理论了。在对而今真实存在的价值进行发生论式的评价时，不管是人类、马粪抑或是牛尿都必须以统一标准来进行评价。确实，也有像这样看不起人类的政治家或者军人存在，而且，也不可断言今后不会再出现这样的情况，然而凡是稍懂事理的人，不，即便是唯物论者自己，被人无缘无故地踹倒的话，也会愤然而起的吧。这种愤然而起，就当成是组织这个箩筐上的铆钉稍微有些松动，用铁锤砰的一声敲一下铆钉头如何？说这是损害人权、伤害人类尊严的行为，说不定会更加愤怒。人类的存在，在生物学上也是因合理的理由、适当的条件而诞生的，所以这个"人"的意志，与它一点关系也没有。从组织上来看，即便认为在必然性支配的地方，个人的责任、道德上的价值等等都不应该存在的这种想法逐渐加深，在这存在的内部，也有无法稳定下来的东西。这该予以肯定吗？

这样的东西，是一种主观的情绪，丝毫不必在意。将眼前的工作当作后生[1]之大事，将组织的保存作为最高生活条件的话，多余的担忧便会自行消散而去，这样想不就好了吗？——这世上有相当多的人，说着这些无关紧要的话。然而，这样就真的可以安心了吗？究竟如何呢？尽管有着提高生活水平的因素，或者说是因为这一点，抱怨精神失常、心理失调等问题的人接连不断地出现，这又是为什么呢？不仅如此，

1　后生：指来生。佛教认为明了来生迷悟升沉之境界乃人生最重大之事。

甚至连自杀的人不也在增加吗？这样的社会现象，又该如何裁断呢？

在"假我"的世界，思议的世界，由组织构筑的世界，机械、概念、技术、经济与权力所牢牢控制的世界中，存在着无论如何都无法实现的"无之极限"的世界。这并非是空荡荡的世界，而是蕴藏着无限力量的不增不灭、不得不失、万德圆满的世界。我希望能接触一次这个世界，获得它的消息，然后，建立起哲学体系。希望能够一面从政，一面经商。这样，外交问题、劳资问题，以及其他一切有关组织的问题，都可以迎刃而解。

所谓佛心，即大慈悲也。大智、大悲、大方便[1]——这些都是从"不可思议"的根源中涌现出来的。面向外部的进化，今后一定会转为内向。

（原载于1961年8月号《中央公论》）

1　佛教中的所谓"方便"，是指善巧、权宜，是一种能够利益他人、化度众生的智慧和方式，是一种能随时设教、随机应变的智慧。

第四章

东方学者的使命

之前，投往《中央公论》的拙作《现代世界与禅的精神》一文因为篇幅的缘故不得已而中断了。如今因健康状况大不如前而暂时搁笔，就将续写一事延至后日，这次虽然有可能写成随笔风格的文章，姑且还是先动笔将它写下来。

也许是命中注定的因缘吧，我一直强调用"东方式的思维"去和今天的西方的、科学的、伦理的、概念的东西对抗。东方的民族自不必说，我想让欧美一般的民众也知道东方的文化，从而使得东方文化的意义发扬光大。并以此为基础，创造出今后将会出现的世界文化。这是我必须要努力完成的一项工作，也是我个人的主张。

应当承认，在东方式的思维中，最具特色的就是禅。是否将禅的既往的形式保持不变，且今后在社会上推广开来，是一大问题。不过，姑且先尽量浅显地说明什么是禅，才是比较自然的顺序。

要举出禅的特征之一的话，自然会提到以下内容。

说到"太初有道"的话，可以认为是在遥远的远古时代有一条"道"，然后纷乱的世界发展起来了。然而，禅却提倡"平常心即是道"。当被问到是什么意思时，答道"肚子饿了就吃饭，累了就躺下睡觉"。这么说来，我们原本以为遗忘在太初的"道"，就是我们的生活本身。

也许是"道"有所不同吧，但与此不同的"道"，无论是什么，应该说都不是"道"，不是禅所能接纳的。

现在我来举一个例子，这也是古代的一个传说。神先是说"要有光"。从此，光明的世界和黑暗的世界就分开了。尽管分裂开来，伊甸这个乐园还是建成了。在这里，既没有善也没有恶，人们过着纯真无瑕的生活。不知怎么的，恶魔出现了，他诱惑了这里的居民，授予他们分别的智慧。从那时起，纯洁无垢的世界消失了，变成了善恶是非无限交错的秽土。这就是《创世记》的传说。

然而，在禅话中却没有这样不切实际的故事。伊甸园决不会消失，纯洁无垢的世界也不会远去。这秽土不是别处，就是伊甸园。这充满着善恶是非的世界就是纯洁无垢的乐园。禅认为这是自由自在的世界，达到了丝毫不被束缚的境界。也就是说，绝对矛盾的世界就是自我同一、圆融无碍的伊甸园。

约略言之，就是把被认为是抽象的极限的事物，在日常生活上具体地体现出来——可以称之为禅。说到无始之始、无终之终之类的话，都是虚幻无实、不着边际的。然而禅取代了这种表达方式，用以下这段话解释说：

现今目前听法无依道人，历历地分明，未曾欠少。

这段话的意思是这样的：而今，就在眼前，听着自己说法的，自由自在、无拘无束地坐在这里的诸位道人，难道不是历历可见、清楚分明吗？这里有什么欠缺不足的地方吗？万德圆满，不是包罗了一切的可能性吗？没有无始无终，什么也没有发生。取代了抓不住的空漠漠的概念，现在在这里，有一种鲜活的东西，我们的双手紧握着它，使它在我们面前暴露无遗。这就是禅。能使周边的信息浮现在我们眼前，这就是汉文的妙处。（我对汉文研究的衰退深觉遗憾。）

我有一件事想趁没有忘记的时候提醒大家。如果说把抽象具体化的话，容易陷入错误。抽象必须是具体本身。用语言来说的话，就会有把一切抽象化、概念化、一般化的隐忧。禅是忌讳这些的。因此，禅避免诉诸语言。一喝一棒在这里被赋予了意义。然而，语言是人类特许经营的商品，不能一概地排斥。正因为如此，在禅必须用语言传达的时候，会使用禅特有的表现方法。兹举一例如下：

"不与万法为侣者，是什么人？"

"待汝一口吸尽西江水，即向汝道。"

对于这个问答，今日我们说得再明白一些就是：

"独坐于天界，对于人间世界的纷争浑然不知的人是什么样的人？"

"待你一口吸尽满满的太平洋水，这样你就明白了。"

从常识来考虑，这实在是无稽之谈。如果是一茶杯水，若有人说"一口气喝下它"可能很平常。但这里是大河大川的水，根本不能相提并论。这种没有常识的事情，禅的世界里是可以无所谓地谈论的。若将它作为一般逻辑的形式，则是"甲非甲，故为甲"。禅如果不使用这样的语言，就不能发挥它的本色。

在般若系的佛教中，这就是"色即是空，空即是色"。色是有形的，空是无形的，所以说有是无，无是有，这就是般若的立场，是西田哲学的"绝对矛盾的自我同一"。这是一般逻辑上不被容许的命题。在我们只依靠语言条理性的一般的想法中，虽然不能称作故事，不过，可以说它是禅的修辞手法。在印度的哲学家、日本及西欧的哲学家那里，全部都成为概念性的东西，从专业的角度来看都是不得已的。因此，禅的特征越来越凸显出来。

在禅的世界里，矛盾也好，排中也好，都不去理会，完全展现自己的主张正是禅宗所擅长的。于是，"柳不绿，花不红"一句，就像从正面发起否定的进攻。因为它很好地领会了语言的不完全性。因此，读者如果一味地围着语言打转，就无法窥见禅的真意。好似蒙混一切那般的卑屈，尽未来际[1]，在禅里是没有的。

再举一个例子，一位禅师被问到"佛"是什么，他的回答是"麻三斤"。以普通的思维来看，也许会理解为潜藏着某种泛神化的东西。但是没有比这更错误的解释了，这完全是误解。"佛是什么？"曰："麻三斤。"然后禅尽也。其间没有任何间隙。看透这一点就是禅的修行。这种修行只有东方才有。因为很多东方人也还不知道这一点，所以我写了这篇文章。但是在西方，做梦也想不到有这样的研究。于我而言，正因为如此，无论如何也想把这形成东方核心的东西传达给欧美人，以此来提高禅的地位。

说到东方和西方，虽然变得有些含糊，不过，因为这样说比较方便，所以还是把它们分开来。东方的观念和思维方式与西方相异的一大要素是这样的：西方在将物一分为二的基础上进行思考。与此相反，东方是从不二分的角度出发。说是物，其实可以是道，可以是理，可以是太极，可以是神性，可以是绝对无，可以是"绝对一"，也可以是空。总之，不论是什么，在没有被分开前，就是"浑然一体"的状态。虽然这是非常容易招致误解的说法，眼下暂且先这么说吧。语言总是这样令人困扰。总而言之，西方的思维方式是从二元开始的。

1　尽未来际：宗教术语，谓穷尽无限未来之生涯、边际。与无限同义。

一分为二的话，相对的世界、对抗的世界、斗争的世界、力量的世界等等就会一个接一个地出现。西方的科学与哲学比之东方要发达许多，因此，无论是在技术方面还是法律组织方面，能于之看到显著的进展，这是因为对个体抱持着异常的好奇心。东方在这一点上必须好好地学习西方。在对抗的世界、个体的世界、力量的世界中，总是处于相对关系的事物，愈发无限地重叠下去，所以绝对的个体是无法想象的。如果不能一直和什么相关联的话也是无法想象的。因此，个体常在的话，不由得会感受到某种意义上的拘禁、束缚、牵制与压迫等等。也就是说，个体一辈子常常处于不自由的境地。自己行动的同时，也会感受到来自他人的胁迫。即使是无意识的，这种感觉也一定是持续存在的。

从这一点来看，在分化并对抗的世界里虽然有着必至和必然，但一定看不到绝对的自由。佛教将此称为业的世界、因果的世界。我们是在业系苦相[1]中挣扎喘息的有情众生。

最近，因为某种关系经常看到"自由"这个词，不过，只要身处生死业苦[2]的世界中，就不存在自由这样的东西。只有必然性而已。全部都是被给予的，所以没有容纳自由意志等的余地。类似的事情是，不是自己说想要出生，就出生了

---

[1] 业系苦相：佛教术语。《起信论》所说六粗相之一，指由恶业受苦果业报之系缚而不自在。

[2] 生死业苦：佛教术语。贪嗔等者惑也，依此惑有善恶之所作者业也，以此业为因而招三界之生死者苦也。《唯识论》二十八曰："生死相续由惑业苦，发业润生之惑能感后有。诸业名业，业所引生众苦名苦。"

的。人是父母生下来的。而父母也不是自己想出生就出生的。无论怎样去寻访家系，也没有任何一个人是因为自由意志而出生的。大家都只是在接受被给予的东西而已。

其次，出生的地点与时间等等，也是来自既与的世界，而非个人的自由。因此，自己所处的环境、教育等等，也全都是被外部所施加的。完成义务教育之后的教育等等，一切都是由自己所处的环境推衍出来的。这样看来，说是自己，然而真正的自己究竟在哪里，我们完全弄不清楚。

近来，"洗脑"的话题，还有"conditioned reflex"[1]的话题在社会上大为流行。人类已经变得和医学实验用的动物没有什么分别了。听说人工受孕这种事已经实际发生过，有一些人通过这种方式出生。从西方看待事物的方法而言，科学必将使人类逐渐成为科学、物理、化学的产物。整个世界已经无休无止地把一切有关人类的事业工业化、机械化、概念化、平等化和组织化。奥威尔[2]和赫胥黎[3]等人设想的社会，也许会比预想的更早得以实现。先把事物二分，在必须以数量为基础的五官与分别识[4]的世界里，无论如何都必须这样做。

这里，我们不得不看清西方的思维方式与行动方式难以

1　conditioned reflex：作者原注，"条件反射"。

2　奥威尔：乔治·奥威尔，英国著名小说家、记者和社会评论家，代表作有《动物庄园》《1984》等。

3　赫胥黎：阿道司·赫胥黎，英国作家，代表作有《美丽新世界》。

4　分别识：佛学术语，第六意识也。《大藏法数》曰："分别识即第六意识，谓于显识中分别五尘好恶等相，故名分别识。"

为继的僵局。

为什么说从西方的角度去观察、思考和行动的话，必然会看到僵局呢？因为，在被五官束缚、被分别识所规定的人类生活的世界以外，还有另一个世界同时存在。如果不弄清楚这一点，人类就无法生存下去。即便认为自己还活着，也不过是自我欺瞒，是虚伪的一生。如果说"眼下还有另一个世界"的话，又会被纳入数的概念，它如同存在于这个可视的、可把握的世界以外，能够被思考吧。这就是语言的缺点，禅者特别注意这一点。总之，我们继续谈下去吧。

如果不了解处于数和不即不离之关系上的禅的世界，就无法度过作为人的真正的一生。但是，在这个死胡同里，道路已经开辟出来，横亘在我们面前。不必四处张望寻找出路。关于下面的问答，我想说上几句。

有僧人问云门：

"何为法身？"

云门答曰：

"六不收。"

看似什么都不是的问答，其中却包含了我现在一直想说的话。所谓法身，我们可以认为是最后的客观存在。

僧侣从一开始就直截了当地追问"法身是什么"。换作基督教学者的话，大概就会问"上帝的高度"了吧。

云门是唐末时人，也是禅史中出色的一代宗师。这个问题的答案非常简单。

答案就是"不受限于六之间"。一般来说"六不收"用日语念不用训读而用音读。这里的六可以解释为六识[1]之义。但现在不要去执着于六的具体意思，先把六理解为数字也可以。

一、二、三、四、五、六这些数字以外的事物，都是没有开始也没有结束的。法身就是事物一分为二之前的实体。

数的特性就是分割。如果事物都"万里一条铁"[2]，那就无从下手。正因为将事物分成各种各样的数，才能轻易地理解人类五官的世界及分别识的世界。

人类生活的一面是以这个分割性为基础而成立的。因此，数是有限的。无限的数字对人类并没有用处。无论是什么数，只要并非全部都是有限的，靠人类的感官是无法捕捉到的。

无法分割或是分析的事物对人类来说是派不上用场的。无论多么精密的科学，最终也必得诉求于人类的五官和分别识。事实上，人类世界的事物，不管是什么，只有悉数依赖于五官和分别识的请求，才有了解的可能。

不过，正如前文所述，贯通了人类世界的全部，却对有限的数之外的事物毫不在意，就会陷入死胡同。若将云门的"六不收"置于"六"之外，它就会和"六"对抗，最终又回归于一个数。因此，必须让"六不收"处于不变的状态，且

1　六识：眼、耳、鼻、舌、身、意之六识。
2　出于佛经，指始终混如一体。

不能将法身置于"六"之外。必须掌握有限即无限，无限即有限的契机。只有这样才能开辟原来已经走不通的路。

"有限即无限"就是"色即是空"。分割开来的话，就变成"一、二、三、四……"。这样一来，数就是有限的。然而，与此同时，"一、二、三、四……"即刻成为无限。一粒微尘之中可以容纳三千大千世界，说到底不过是这个意思。

从有限的视角来看，会觉得"怎么会有这么蠢的事"，继而直接否定，这就陷入了僵局。不进入圆融无碍的世界，总是一是一、二是二、六是六，会寸步难行。

这样的话，肯定会患上神经衰弱症。作为现代病，眼下它在人群中大范围蔓延。只是说"有限即无限"的话，可能还担心显得有些偏颇。因此，不加上一句"无限即有限"也即"空即是色"的话，就称不上完美。

在这一点上，佛教是很周密的。说"色不异空"之后，马上说"空不异色"。这样就不会有差错，真是一片婆心。

"机轮曾未转，转必两头走"，用分别识的观点来看的话，只注意到"两头走"，而忘记了曾经未转之处。

抛开未转之处，是数的世界的恶习。静是静，动是动，分开的话，二者无法融为一体。这就形成了一个笨拙的世界。分割意味着孤立、偏执、对抗等等，是争端的来源。未转、不转的机轮其实就这样辘辘地转动着，或成为有，或成为无，或成为一，或成为二，不知道它会在何处停下。

这里，"生"自身的全部机能被提出来，因此，必须把它作为一个整体来理解。即使切分成一片一片，部分地、片面地去理解它，也是不行的。

用分别识去解决这个问题，就会破绽百出。尽管在实用层面上，分别识会起到作用，然而人类的生活并不是仅仅如此就可穷尽的。必须将未转的机轮和不转的机轮分开，这是分别识的所为，事实上，这两者是不可分的。

必须将这不可分的部分，原封不动地，通过整体来观察。如果不到达"有限即无限"的境界，就无法获得所谓的自由。在分别识的世界里，没有真正意义上的自由。

数的世界也是时间的世界。虽然数被认为不分前后，事实上，没有前后顺序的数是不存在的。所谓的"计数"，就是建立顺序的意思。不过，如果认为这个顺序是先有什么，然后才有了其他，那么先前的事情就是过去，后面的事情就是未来。

所谓的"现在"，事实上是不存在的，不过是为了联结过去和未来的一个点罢了。当我们说"现在"的时候，"现在"就已经成为过去。因此，可以说现在中同时包含了过去和未来。这样一来，现在就总是成为无。于是，从无中产生了有。或者我们可以创建一个"零（0）等于无限（∞）"的方程式。

因此，如果能得到现在的绝对的"零"，无限的过去和未来应该包含在其中吧。真正的自由，确实以零这一点为根据，也就是"坐标"，使得大机大用[1]出现在了眼前。这种自由自在成为禅的垄断商品。

从西方流派的思考方式或是观点出发，是不会出现这样的自由的。被困在数的世界里，就不得不时时刻刻受到制约。liberty和freedom都有"解放"的意思在内，然而，可以称为自由自在、"大用现前""无依道人""随处做主"等概念，则丝毫不被认同。

这是因为其中没有包含着积极的意义。充其量不过是"基督刹那间生于我心"之类。西方式在一、二、三、四、五之间往来徘徊之际，虽然十分意气风发地向前行进，然而一旦被逼得走投无路，也就意气消沉了。东方式与此是相反的。

老倒疏慵无事日，
闲眠高卧对青山。[2]

这是东方式的做法，西方式则是躲在岩洞里，拼命地祈祷着"救救我吧"。仅仅"闲眠高卧"是不行的，不过，如果从心底理解了"无事是贵人"[3]这句话所隐含的信息，那么

1　禅林师家以拄杖、手势或棒喝等超越言诠之方法教化学人进入深禅境地，称为机用。

2　出自宋代圆悟禅师《碧岩集》卷三。意为如今年老慵懒的自己，对尘世间的一切没有任何留恋，每天悠闲地躺着眺望远处的青山。

3　禅宗大德临济义玄禅师云："无事是贵人，但莫造作，只是平常。"

无论你到哪里，一定会迎来"夜来却对乳峰宿"[1]的可能。这样看来，也可以说自由是从无事中诞生，或者无事是以自由为背景的。当说到"无事是贵人"时，我们可能总会被当作生活在云端，不食人间烟火的人一样，与这个纷纷扰扰的世界从无交涉。但是，禅宗的贵人是与此截然不同的。也许，没有比禅对这种灰头土脸的底层生活更加无动于衷的教义了。他们就算变成一头驴、一匹马、一头牛，也会在所不辞。虽然不至于去故意以身犯险，赌上身家性命，但他们毫不介意做低贱的佣工。说到"皆共成佛道"，在以皆共为生命的东方式的思想中，一切皆是庶民主义。他们不了解的是，不仅仅是自己，连山川草木也一样是不能成佛的。如果说这是禅僧的"大烦恼"的话，日常的生活也很难在"太平无事"中度过。"一日不作，一日不食"，片刻也不能忍耐，这不正是我们的"平常心"吗？

我将前面所述的内容做一个简单的概括。我们是可以通过对事物的看法和想法，将东西方区别开来的。西方的事物是从神说"要有光"以后的世界，以及二分为光明与黑暗的世界出发的。数的世界一直在眼前浮现。而东方的事物，无论是"要有光"还是其他的一切，对于没有任何音信的地方总是抱有极大的兴趣。在数以前、时间以前、朕兆未分以前、逻各斯之前，这一直是东方思想的核心所在。

1　出自宋代诗人雪窦重显的《颂古百则·其四十八》："天竺茫茫无处寻，夜来却对乳峰宿。"

由于西方是基于数字的，所以它首先从主观和客观的两种观点开始，然后逐渐地分化。自然与力的世界成为西方事物的基础。从科学的发达到技术的精确细致，西方远远领先于东方。此外，创建组织也是西方人的擅长之处。因此，人类也成为机械的一部分，融入组织之中。失去了真正的自由，原本的创造力也容易被削减。这正是今日西方的烦恼所在。这使得他们患上神经类疾病，不知为什么焦躁不安。正因如此，西方存在过多的客观的必然，无法有意识地考虑东方所提出的主体性的自由，只是一味地被无意识的苦恼所折磨而已。

东方式则与此完全相反。看看连一都还没有开始的以前吧。既没有主也没有客，我与你都不存在，逻各斯还没有出现，"要有光"的一声呐喊也尚未发出。把当时的情况，也就是父母未生以前的情况看得清清楚楚，这就是东方式的精髓。如果原封不动地引用汉文，也许现在的年轻人会望而生畏。不过，像我们今天这样的表达，汉民族又是如何表现的呢？为了提供参考，我直译为日语后引用如下。

云门说"六不收"的时候，宋代一位名叫圆悟的禅师留下了"八角磨盘空里走"[1]这样的文字。

虽然不清楚这话实际上是在说什么，但只要稍微读一读，就能看到八角形的磨盘在空中跳跃的场景。这富有生命力的活跃状态简直如在眼前。当走出"一二三四五六"这个数的

1　出自宋代诗人释道行的《颂古十七首·其三》："用尽自己心，笑破他人口。八角磨盘空里走，金毛狮子变作狗。"

世界，"逝者如斯夫，不舍昼夜"，所有的一切、无限变换的样貌，都在汉文中有着具体的表现。汉文的优点正在于此。说"六不收"的话，也许会被认为是概念上的寂静不动，但八角的磨盘却将它通通吹散了。

> 若向朕兆未分时构得，已是第二头；若向朕兆已生后荐得，又落第三首；若向言句上辨明，卒摸索不着。[1]

这里是把"六不收"的本体分成三重，用这种寻常的理解方法去理解是不行的。构得也好，荐得也好，辨明也好，都当它是"了解"的意思。总之，如果连朕兆未分的时候都不行的话，到底该如何领会、领会何处呢？这真让人大为困惑。以西方的思维方式而言，这种事从一开始就不值一提。可是，从东方的观点来看，在这无法着手的地方，自有其妙处所在，要朝着它勇往直前。这样，一旦时机到来，就会在不构得的地方，找到自由自在的境地。在这里，可以安下心来，了解到无事甲里[2]（禅堂的墙壁上有甲乙两层架子，甲层上收着日常不用的东西。由此而来的句子，就是日常无事。）

1　出自《碧岩集》卷五第四十七则。
2　无事甲里：出自黄念祖上师《谷响集》："师室中多问衲子：唤作竹篦则触，不唤作竹篦则背。不得下语，不得无语，不得于意根下卜度，不得飐在无事甲里，不得于举起处承当，不得良久，不得作女人拜绕禅床，不得拂袖便行。一切总不得。速道速道。"

的消息。

如果只生活在被分割、断裂、限定为"一二三四五"，最终被杀死的世界里，就无法了解人类的全貌。那样，人的一生就会过得很不像样。无论如何，都得瞥一眼圆融自在[1]、事事无碍的世界。在这里，具有东方视角的人们应该大声呼喊，向全世界传达这一使命。

（原载于1961年11月号《心》）

1　圆融自在：出自宋代诗人释智朋的《偈颂一百六十九首·其五十七》："悲愿海，四生海。出没卷舒，圆融自在。"意思是常以平等视万物，可以圆融；常以清净过人生，可以自在。

第五章

自由・空・而今

一

　　首先我想试着辨明一下"自由"一词与它本来的意思之间的区别。

　　原本"自由"一词是东方思想的特产，并不存在于西方的思考方式中。即便有，可以说只不过是偶然而已。在西方思想像浪潮般涌入时，因为找不到freedom、liberty所对应的日语译词，所以当时的学者在大量查阅古籍文献之后，把佛教用语"自由"一词拿来套用了。从彼时起源，直到今天自由都被定义为freedom和liberty的对应译词。

　　西方的freedom和liberty，并没有自由的意思，只是从带有消极性的束缚和制约中解放出来的意思。它具有否定性，与东方的"自由"一词在意思上有着很大的不同。

　　"自由"如同字面所示，"自"是主体部分。没有压抑、没有制约，因为出现了"亲自"或是"自然（而然）"，所以是其他人没法参与的意思。自由这个词原本毫无政治上的意味。天地与自然的原理没有受到外界的任何指示，也没有任何制约，只是完全出于自身的运作，这就叫作自由。

也就是说，当初神说"要有光"这一行为，是由神原本的自性[1]而发导致的，因此是所谓不得已而为之的日本精神所传达的信息。这是自由。因为本来是佛教词语，所以在佛典特别是禅录中随处可见。"有自由的状态""有自由的人"等等，都是修禅者口中常说的话。事物从它原本的天性中涌出，这就叫作自由。神的创造就是在这种自由下所做的工作。自由即是妙用。懂得了这种妙用，就懂得了自由的真义。freedom和liberty这样的词语中，不会出现创造的世界。基督教神学的困扰就是从这里开始的。

前不久在美国，我与哥伦比亚大学仍有些关系的时候，大学正在举办百年校庆还是一百五十年校庆，我也被拜托要讲点什么。那时，我在这娑婆世界中，并没有真正的自由。不管出版的"自由"、思索的"自由"，还是表现的"自由"，尽管引起一阵阵大的骚动，然而人类只要还在这个有限的世界中以二元的方式思考事物，再怎么称作"自由"都没有任何意义。我曾经说过，真正的"自由"必须横超有限的次元，到达无限的境界。哥伦比亚大学必须将"知识自由"之类作为学校生活的宗旨，因此我只能把自己的想法从发言中去除了。我相信，以西方的思维方式，要想理解东方的"自由"的真正意义，无论如何都是很困难的。

1　自性：佛学用语。即诸法各自有不变不改之性。

我相信可以断言，今日即使在我们日本人当中，尤其是在年轻人中间，没有人知道"自由"一词在东方的原本意义。从明治初期翻译西洋书籍的人们的错误开始，最终导致了今天这样的局面。虽然我现在已经记不起来把穆勒的 *On Liberty* 翻译为《自由之理》的译者的名字，但在我还是小孩的时候——我想大概在十二三岁——虽然并不明白，还是尝试着读了家中藏的这本书。奇妙的是，我到今天都不曾忘记。可能因为"自由民权"恰是那时提出的，尽管年纪尚小，还是想要读一读吧。在明治初期，这种"自由民权"的思想盛行一时。不过，都是受到了西方的影响。现在再想想，当时真是沉迷于浅薄的思想之中。

说到明治初年，其实并不是全盘受到西方的影响。也有人大力鼓吹国粹、日本主义、爱国心、忠君爱国、东方君子之邦等主张。不过这些说法都非常浅薄，没有触及问题的深处。今后，应该加深反思，试着弄清楚究竟什么才是真正属于东方的。其中之一，就是必须贯彻"自由"原本的意义。

这应该属于神学的、宗教的、精神的或是形而上学等方面的探讨吧。不过，对这方面的思索虽然已经很深入，却因少见而令人非常困惑。可以说，这似乎还是受西方影响的余波冲击而致。不能以东方原本的思考方式贯彻始终吗？将其融入世界文化，为全人类和平做出贡献，真是不可能的吗？我相信不是这样的。

二

　　自由的本质是什么？用非常浅显的例子来说，松树不能成为竹子，竹子也不能成为松树，各自都处于自己所在的位置，这就是松树和竹子的自由。不得不将其称为必然性，或许这是普通人及科学家们的想法。然而，这只是从物的有限性或是所谓客观性的观点出发得出的结论。从物自身，也就是其本性来看的话，是它的自由性使其自主地变成这样，并不受到外界的任何制约。这也可以说是"天上天下唯我独尊"，松树作为松树，竹子作为竹子，山作为山，河作为河，在没有任何拘束的地方，自己变成自己的主人来行动，这就是自由。所谓必然的、必至的、不得不如此的，这些都是从他者的视角而言的，对于物自身来说是不适用的。

　　禅语中有句话叫作"大用现前，不存轨则"。就像这句话所说的那样，虽然有规则、法则、理法、原则及其他种种名称，但这些都不是触及物本身的语言。所谓"大用"，意指物自身像它自身那样发生作用并行动。松树成为不了竹子是人类的判断，从松树的角度出发，这就是多管闲事。松树并不是根据人类的规则和原理而生存的。这就叫作自由。

我们经常把自由和放荡相混同。放荡指的是不能自制，自由自主与它是正好相悖的。放荡是完全的奴性。近来所谓垮掉的一代之流就与之近似。这是年轻人很容易陷入的处境。

所谓的"从心所欲，不逾矩"是恣意任性的人做梦也无法达到的境界。虽说"因亚当而死，因耶稣而活"，但如果亚当不先死去的话，故事就不会开始。

禅宗的僧人有这样一首歌唱道：

先死后生，若能如此，随心所欲亦无妨。

（可能会稍微有些偏差吧）按照这样的说法，人类都必得死上一遭。其他的一切存在中都没有谎言，所以，没有死的必要，然而人类当中是有虚伪存在的。必须要找出这虚伪的源头并抑制住它。这就是所谓的死。但是会说谎这一点也正是人类之所以是人类的理由，不会说谎的天人、木石、猫狗等，没有像人类一样的价值。修习真宗的妙好人说："亚当大人啊，请您千万不要带走我的烦恼，如果没有了它们，我就无法明白您的恩情。"这话可以认定为"烦恼即菩提"的一个例证。人类的自由，与草木之类的自由不同，也与极乐或天界的住民的自由不同。佛陀放弃涅槃，作为菩萨一直在娑婆界生死轮回。如果进入涅槃，或是生在天界，就不会有人类的自由。人类想要长存于被烦恼所折磨的娑婆界,在"不自由"中,行自由自在之事。这就是人类的价值。人类是站立于积极肯定之上的存在。

三

人类对于自己的自由和不自由，有着自我察觉、区分并为之烦恼的自由。这是在其他任何事物那里都不曾见到的。不仅如此，因为其分别性，才能够尊重他人的自由，感受他人的不自由，才能够感到烦恼（烦恼这里不读作bonnoh[1]）。也就是说，人类能够做到脱离自身来审视自己。因为能做到这一点，不仅仅是自己的社会集体，人类还能将自己以外的其他生物、无机物及一切都看作是一个庞大的社会集体。这就是佛的烦恼，也可以说是大慈大悲。弥陀本愿的源头就来自于此。

正因如此，不能总是将人类和其他生物比较看待。有人看到自然界诸如弱肉强食、适者生存、优胜劣汰之类的现象，觉得人类也是生物，也应该是这样的。地狱就是为这样的人

---

1 "烦恼"一词在日语中读作"ぼんのう"（bonnoh），系来源于佛教的词汇。大拙在此文中特意标注此词的读音为自创的"はんのう"（hannoh），以显示与词汇原本的含义有所区别。

而准备的。生物界的进化论到了人类这里就不能完全地适用。进化到了人类这里，发生了翻天覆地的变化。

不过，现在我们先不去触及这一部分，我只想说一句：自由的作用只有在空的地方才有可能实现。

忘了《法华经》中的哪一品里有下面这样一句话：

佛陀坐在慈悲的房间里，穿着无限的忍辱与修行制成的衣服，坐在空的位子上。

佛不单单是静坐而已。也并不是在慈悲的房间里，空的坐垫上，穿着忍辱也就是忍耐和屈辱的衣服、精进（努力修行）的裤子，举止端庄，永远一动不动地端坐着。慈悲是行动的原理，因而绝不会让人闲坐。而是跳入四苦八苦的娑婆的正中，耐难耐之苦，忍难忍之事，刻苦修行，为了人类，为了世界，厉行大慈大悲的功业。而且这样的行动是不求回报的，以没有目的为目的。这就叫作无功用行，是被自由性所驱使的。就像是松树不知自己为何成为松树，竹子不知自己为何成为竹子一般，佛或者菩萨凭借着达摩的"无功德"和"不识"，达到慈悲三昧之境界。这可谓是创造的一生，是诗的境界。也可以叫作一行三昧，或者叫作神通游戏。也可以说是"打水搬柴火"的妙用。

如果不坐在空的座位上，就无法做到这些。不这样做的话，修行也好忍辱也罢都无法在无限的时间中进行。这是无缘的慈悲，是不请自来的友人。可能有人会想象说用"无"或"不"这类的否定字眼会有消极的含义在内。这就是佛教和东方思想被误解的难点所在。事实上，消极即是积极，否定即是肯定。这就是所谓"绝对矛盾的自我同一"。认同否定本身的行为，使得接触东方精神的精髓成为可能。西田君的理论事实上不留任何遗憾地道破了这一点。如果不深入理解到"因为A不是A，因此它是A"这一层，就无法触及佛教及其他东方思想的深处。

像是"如果别人打了你的右脸，你就把左脸也伸出去"这样的二元性理论，是无法触及东方文化的根源的。如果不能领悟到婆婆就是伊甸的乐园，而伊甸的乐园就是我们的日常生活的话，可以说就没有谈论宗教的资格。空不是空空寂寂的空，混杂了森罗万象与模棱两可，它们无穷地交织在一起的地方，就是空的坐席。这就是所谓的"色即是空，空即是色"。希望大家都能清醒地认识到这一点。修行也好，忍辱也罢，都有既不是修行也不是忍辱的时间与空间。空间就是时间，时间就是空间。在这里，时间与空间在一念之间被领会、被看破。我本人把它称作 $0 = \infty$ ，也就是"零等于无限"。这是我自己的数学公式。希望可以在这里认识到空的世界。

四

恐怕会有人错把空当作空间的意思。因此，佛教徒一直都在烦恼如何辩明这一概念。说起存在，也一直都是在考虑空间存在的意义，而不把时间纳入进去。不过，事实上不能把空间和时间分开来考虑。最好将空间和时间整合起来，称为一念。

所谓here-now（即今）说的就是这个。在佛教当中，一念被认为是非常重要的思想之一。俗话说成佛就在一念间。一念同时还是行之义。在真宗当中行这个字经常被使用。此处的行并非修行之行，而是指一念。也可以称之为大行，大指的是绝对之义，而非数量上的大。反复念诵"南无阿弥陀佛"并不能使人领悟，但这也算是一念的修行。观察到这一点，真宗也就成立了。同时，这也就是信心。

总之，对虚妄加以时间上的解释，就成了"即今"。通俗地说，就是即时即刻。明白了空，就意味着明白了即时即刻。我们必须要将即时即刻掌握在手中。当一个人能领悟到这即时即刻就是无限本身的时候，零也即无限的等式就能够成立。当一个人意识到这倏忽一刹那正是无限的时间的时候，他就能触及东方思想的根源。《华严经》在事事无碍法界[1]中，提倡说"一即十，十即一，此乃圆融[2]"，但我们不能忘记，这里所说的一就是零，而十就是无限的意思。《华严经》中，就是这样通过数字来象征的。十是无数的万象。一是将这万象摄为一体，是一种绝对的一。换言之就是零。$0 = \infty$ 的公式就能够套用在这里。于是，即时即刻就能够原原本本地，转换为无穷无尽的永远。

禅话中常常谈到"祖师西来意"。祖师说的是菩提达摩，西来指的是位于西方的印度。于是就产生了这么一个问题："如何是祖师西来意？"也就是说，达摩祖师是为了什么，从遥远的西方印度，扬扬得意地朝着支那[3]也即中国而来呢？他的目的是什么呢？

这个问题的主旨在于，达摩祖师在这个"草木国土，悉皆成佛"的世界里，为了在东西方之间设立一个不必要的区别而千里迢迢地赶来，难道不辛苦吗？某位禅师是这么回答的，他反问道："此刻这样问的你的心中是怎样想的？"你的

1　事事无碍法界：华严四法界中的第四法界，也是最高的佛智。

2　圆融：破除偏执，圆满融通。形容既能保持自己的立场，又能与其他的东西完全融为一体，互相融合，没有障碍之境。与"隔历"相对称。

3　支那：对中国的古称Chini的音译。中国从印度引进梵文佛经以后，译经僧按照音译把Chini翻译成"支那"。在很长一段时间，周边国家以支那来称呼中国。

"此刻"就是千年之前达摩祖师的心之所动，也即一念。所谓渡海远道而来，空间上的东与西，不就像是你站在我面前的"彼处"吗？禅师的回答是在说，根本没有必要把它当作问题。也有禅师觉得，进行这样的问答十分麻烦，根本就是在原地兜圈子。这样的禅师就会一言不发地给提问者一棒子。看起来是十分冷酷、粗暴的行为。然而，这当中其实包含着发自于赤心片片[1]的不可言说的好意。禅师希望不管怎样，人们都应该看上一眼，即今、此时此刻、时间和空间共同化为零的地方。这是一念万年、万年一念的消息。佛教可以说就是以此为轴心展开的。

有许多人在空的地方观照空，并不知道要在一念处观照它。于是就将佛教认定为一种否定的宗教，对其加以排斥，这也是迄今为止西方流派的想法。正如我之前所说的，我们必须认识到"否定即肯定"。如果没有这样的领悟，就会产生一种毫厘有差，天地悬隔[2]的差别。这着实令人毛骨悚然。

佛教中有一类叫作"声闻"[3]的人。这也不仅限于佛教，我相信其他如印度教、基督教（？）当中应该也有。这一类人会"迷失在参悟之中"，并且无法从"悟"中参破。这样的

1　赤心片片：谓一片赤诚之心。《碧岩集》卷六第五十五则："吾可谓赤心片片，将错就错。"

2　毫厘有差，天地悬隔：形容即使是极微小的差别，也是两个截然不同的事物。出自宋人普济《五灯会元》卷二〇："成都府昭觉辩禅师上堂：'毫厘有差，天地悬隔。隔江人唱鹧鸪词，错认胡笳十八拍。要么？欲得现前，莫存顺逆。五湖烟浪有谁争？自是不归便得。'"

3　声闻：音译舍罗婆迦。又意译作弟子。指听闻佛陀声教而证悟之出家弟子。

人是"入了空定¹"了。他们被困在"八万劫或是两万劫"中，不知道要逃脱出去，成了否定的牺牲品。他们也不知道还有翻转这一局面的要领，只能说毫无办法了。《禅师广录》当中有如下这样一段话：

> 着衣喫饭，言谈纸对，六根运用，一切施为，悉是法性。不解返源，随名逐相，迷情妄起，造种种业。若能一念遍照，全体圣心……

（本应将它们一一改写，但是过于麻烦，恕我引用原文。抱歉。）

如果把法性当作空，那么从空间和静力学角度来理解这种空的话，法性是停滞不动的。法性空的空是直接体现在日常吃饭、穿衣、互相问候这类事情之中的，也就是我们常说的"平常心是道"，若是没能注意到这一点，那么难免会堕入"迷失在参悟之中"的不幸境地。当我们彻底了解"一念即无念，念念不可得"²的奥妙，才能够第一次听到达摩给出的肯定："我对你放心了。"于是，我们便能感受到"四面八方来也，旋风

1　空定：无色界定，也叫空无边处定，属于无色界，断绝了对外界的认知，但没有超越轮回，意识稀薄，但还是存在。

2　出自《大乘起信论》："一切诸想，随念皆除，亦遣除想。以一切法本来无相，念念不生，念念不灭，亦不得随心外念境界，后以心除心。心若驰散，即当摄来住于正念。是正念者，当知唯心，无外境界。即复此心亦无自相，念念不可得，若从坐起，去来进止，有所施作，于一切时，常念方便，随顺观察。久习淳熟，其心得住。"

打"的自由。然后，这种自由再度转变，就成了"来日大悲院里有斋"[1]。如果不是无意义的空的话，"大用现前"这样的自由也起不了作用。毕竟不能处处成为主体。

我希望读者们能够好好地去了解，即便是"三界唯心，万法唯识"[2]这样的话，也与我们通常认识的西方的唯心论、唯心主义之类大相径庭。

前面说到"平常心是道"，这里的平常心不外乎"只如今行住坐卧，应机接物"[3]。着眼点在于"只如今"三字。这一点必须贯彻到底。百丈禅师因说过"一日不作，一日不食"而闻名，是唐代禅宗初期的一大宗师。而禅院与其他寺院分离，有自己独立的制度，也是从这位禅师开始的。禅成为中国式的宗教，并与印度式的宗教区分开来，具有浓厚的独特色彩，劳动主义获得了很高的评价，特别是大和尚与普通僧人打成一片，在田里做农活等行为，就是今天的平民主义、民族主义。这位禅师，作为"只如今"的倡导者，频频向世人解说"如今鉴觉"。

1　出自《镇州临济慧照禅师语录》："因普化常于街市摇铃云：'明头来明头打，暗头来暗头打，四方八面来旋风打，虚空来连架打。'师令侍者去，才见如是道，便把住云：'总不与么来时如何？'普化托开云：'来日大悲院里有斋。'侍者回举似师。师云：'我从来疑着这汉。'"

2　出自《景德传灯录》卷二十九："三界唯心，万法唯识。唯识唯心，眼声耳色。色不到耳，声何触眼。眼色耳声，万法匪缘，岂观如幻。大地山河，谁坚谁变。"

3　出自《景德传灯录》卷二十八："谓平常心无造作，无是非，无取舍，无断常，无凡无圣。经云，非凡夫行，非贤圣行，是菩萨行。只如今行住坐卧，应机接物，尽是道。道即是法界。乃至河沙妙用，不出法界。"

只是"只如今"还不够，将其与"鉴觉"联结起来可以说是百丈禅师的一大卓见。鉴觉就是悟道。"如两镜相照，无影像可观"，无影像之处就是空。"如今只是说破两头句，一切有无境法"，这里必须要有无意识的意识。在"鉴"之上还需要有"觉"，这才成就了人心。除此以外的一切之中，都没有它。不过，这种觉是不觉的觉，而不是主客双方都出现时才成为可能的觉。是当主客体都消失之后，仍出现在某处的觉。质问某样事物存在与否，这是二元论者的逻辑。主客双方，是无论如何也没有办法切分开的。就算努力去做切分，也会有剩下来的部分。就算能做到什么都不剩，也会存在着绝对的肯定，存在着自我同一。这是用言语无法表达的。如果要表达出来，一定会产生错误。所以我们说要以心传心，要不立文字。

禅宗会说到"见性"这一概念。稍作思考的话，如果有什么本质性的东西，就该从外部来观察吧。无论如何，我们都会陷入二元的概念之中。如果产生了这种二元意识，进入主客观相对的世界，就已经太晚了。如何才能领悟没有主客对立的"鉴觉"呢？借用禅宗的话来说，就是"所见如本质，本质即所见"。在主客共存的二元世界里，这是不可能发生的事，是无法体验的事情。因此，禅师总是反复强调不要执着于文字。语言学家、理论家、解释学的专家，以及其他那些不爱踏出语言世界的研究者们，无论如何也没法接近"只如今鉴觉"的真谛。虽说没办法做到，然而主张这真谛是不曾存在的，则有些言过其实了。

临济曾说过下边一段话，话说得实在很透彻。

> 古人云，平常心是道。大德，觅什么物。现今
> 目前听法无依道人，历历地分明，未曾欠少。[1]

从自由到空，从空到而今（如今即今）。虽然想着按照这个步调继续写下去，但我已感到有些疲惫。就此暂且搁笔，等有机会再写吧。抱歉。

（原载于1960年11月号《心》）

---

[1] 出自《镇州临济慧照禅师语录》："古人云，路逢达道人，第一莫向道。所以言，若人修道道不行，万般邪境竟头生。智剑出来无一物，明头未显暗头明。所以古人云，平常心是道。大德，觅什么物。现今目前听法无依道人，历历地分明，未曾欠少。"

第六章
所谓"不变随缘"

从"自由"到"空"，然后是"即今"（或曰"只今"），接着本应向"保持那样不变"或"保持这样不变"的状态发展，但在"即今"这里就停止了。于是，下一步就是要"保持这样不变"。到底能走到哪里去呢？也许是漫无目的地前行吧。无论如何，都向前迈进着。

一

前文中我引用了百丈的一句"只如今鉴觉"，本篇将从这句话开始阐述。百丈说，"一日不作，一日不食"，他是一个颇为宣扬行为主义并身体力行的人，同时，在另一方面，他又很提倡"如今鉴觉"这种有关"自性"的经验性的理论。这是通俗化了的道理，如果不能明白这些的话，对东方的事物就不能清楚明了。

所谓"鉴觉"，如其字面意思一样，意谓像鉴也即镜子一样可供观照。两镜相对，彼此之间就没有影像，如此，在现今的鉴觉中也就没有任何的影像，这便是"空"。"空"虽然是空，但并不仅仅是如此，"空"中还有"觉"。没有这个觉，就不能达到"悟"。说起"只如今鉴觉"的自性，也许有人会认为，是不是存在着某种见闻觉知[1]性的自身，它变成了一面镜子，此外，还有着某种可以成为其映照对象的外物。然

1　见闻觉知：佛学用语。即眼识之用为见，耳识之用为闻，鼻舌身三识之用为觉，意识之用为知。

134

而这样一来，就不再是"空"了，也不再是自性自觉了。这里就是着眼点。因为"空"在这里成立，所以如果有"外物"，那就不再是"空"了。从语言的角度来说，必须要将能与所区分开来，"鉴觉"本身，不存在这种分辨的能力。能就是所，所就是能。因为所见之物就是能见之物，所以能见之物就是所见之物。能不能分清就要看"鉴觉的自性"了。

说得再专业一些，就如同百丈自己所说的那样，"只如今鉴觉"既不会陷入清，亦不会陷入浊；既不会陷入凡俗，亦不会为神圣所束缚；不会为色、声、香、味、触、法这六识界中一切世间与出世的现象所束缚，且不得爱取[1]。不仅如此，不爱取的意识之中还有着不依住[2]。再往前深入一步，则不可停滞于不依住这一层智识上。这样的话，有限和无限的分辨，也不会执着于禅或者其他，既不会觉得自己已经到达菩萨位，也会打消"我才是魔王"这样唯我独尊的念头。这时才终于实现最上乘、上上智并成就佛道。乘着无碍之风，运用无碍的智慧，在因果生死的世界里，形成去住自由、出入无难、不可思议的生活。

再者，简单来说的话，当意识到"只如今鉴觉"的处境之后，既不会被有限，也不会被无限所束缚。从生死、因果、自由或必然、客观或主观之类的想法之中跳脱出来，可以成为"自由自在""随处为主"这样境界的人。百丈将它分成三

---

1 不得爱取：不执着于"有"。

2 不依住：不执着于"空"。

段，比作鹿三跳出网，也唤作缠外佛，百丈的时代曾出现过这样的名字。此外，换个说法，未悟以前称为母，已悟后称为子。而且，如果离开了悟解或是知解，则母子俱不存在，"大法轮常转"的时节即将到来。

因为总有些牵挂在心，所以想试着领悟一下。而终于快要领悟时，放弃所领悟到的，依然故我。一无所得之后，仿佛连活着的意义都丢失了。这样可以吗？究竟如何呢？

百丈说，只如今时，吃着糟糠维持着生命，衣衫褴褛抵御着严寒，口干的时候，就打水来喝。除此之外，什么也不做，对于世间一切的有无等问题，毫不在意。如此这般，这人应当会渐渐有所领悟。如果引用百丈的原文，就是"此人渐有轻明分"。这样就可以了吗？究竟如何呢？

二

大珠慧海是马祖道一（？—788）的弟子，和百丈怀海是同一时代的人。他写过《顿悟入道要门论》，至今仍存世。我想试着引用其中的论述，以此来理解百丈思想的一个侧面。

引用大珠所著的《禅门经》（敦煌出土文献）中的文字，我把与百丈所说的"如今鉴觉"相对应的事物称作"内觉观"。如果客观上只执着于外在之物，无论经过多少年，都不会有什么收获。与此相比，根据内觉来看，一念之间就可以达到菩萨的境地，也就是达到悟解。要说是什么样的悟解、什么样的证觉[1]，那是自己的本性，是无生心。无生心也就是无住心[2]。因为住在无住处，所以不会停留在任何一个地方。无住心是佛心，亦是佛身。当看到这个身心一如[3]之处和无住之心时，顿悟才会产生。

1　证觉：佛学用语。即证得佛道，觉悟真理。

2　无住心：心无所住，清净自在。

3　身心一如：佛学用语。即肉体与精神为一体不二者。

这种顿悟的体验被称为见性或自性见。因为自性本来清净，所以才能生"见"。根据大珠慧海的观点，因为有清净心才有这个"见"存在，所以只要存在着妄想的污染，或是"我他""彼此""主客观"等能所观，就可以说很难拥有自性见。正因为是被擦拭干净的镜子，没有任何妄念妄想的镜子，一切的显像才会无心地出现。然而，自性见本身就是不可见的。究其原因，是因为这里既没有智者，也没有不智者，自性本身是无相无形的，是不可得的。这种不可得被称为不可见。我们或许会提出这样的问题吧："如果是这样的话，一切能所的区分作用是从哪里来的呢？"这样，事情又回到了原点。

"说不可见，却是了了见[1]。"这一点正是问题的核心。换作基督教的说法，"乾坤未分之时，为什么'要有光'这一念在神的心中出现了呢？"天地万物都是从这一念之间产生的。这一念就是如今所说的一见，也即"如今的鉴觉"。从神自己的角度而言，什么事情都没有；而认为这样不可，想要寻根问底，进而产生纷争的只有人类而已。至于人类以外的万物，什么都不问，什么都不怀疑，什么都不去观察，只是持续着行为本身的生活。然而，即便提出问题，人类能否回答得上来，我们也并不清楚。或者说，在没有提问的地方，在"不可见"的地方，反而会有"了了见"的事物存在吧？在《圣经》中，虽然记述了许多诸如神所说的话或是命令，然而神面对这样

1　了了见：出自《顿悟入道要门论·上》："体寂湛然，无有去来，不离世流，世流不能流，坦然自在，即是了了见也。"

的内心意识，也即"忽然念起"之处，却没有传达任何的信息。对于神而言，为什么"要有光"的念头，会不知从何处、不知因何缘故地，忽然就生发出来了呢？这并非人们从人的角度出发，相对地、二元性地、客观地提出问题并予以解答的问题。只有通过进入神自己的心中这种方式，问题才可以解决。因此，大珠慧海才说了下面一段话：

> 所谓如今见，也就是不去讨论对物时及不对物时。这是因为所谓的见性是不绝如缕地存续着的。有物的时候见，无物的时候也见。见的常性，在无关乎物的存在与否，以及出现与否之处。这也被称为正见，也叫作不见之见。

总而言之，百丈的"如今鉴觉"，正是佛教哲学中所说的大圆镜智。这里的智在分辨思考的世界里是不为所知的，然而超越了这个世界时，一念之上，皆了了分明地显现出来。不过，当它显现出来、能够看见的时候，在那里却已经看不见它了。这就是"不可见"。只是，因为它的常性，能够"了了见"。"不可见"的见是相对的、能所的、主客的，"了了见"的见是绝对的、超越的、自尔的。说到自尔云云时，会让人联想到，这些就好像是一种特殊独立的存在一般。但当我这么想的时候，它已经不再是自己了，也就是完全丧失了自尔性与绝对性。这件事情如果不是通过体验的方式去觑捕的话，无论如何也不会弄明白。不能仅在概念的层面上说长道短。

　　见也好，知也罢，无非是同样的事情。经文中有将知见联结在一起的地方。在只有知的情况下，它似乎就是一个一般所谓认识论上的文字，但是加上见后，就形成了知见，也即佛知见等文字。即便是知见，因为它仍然有所欠缺，所以到了宋代就出现了"觑取""觑捕""觑破"等这样的词语。"觑"这个字在普通的字典上可能找不到。然而，在这种情况下，比起概念性的字符，说它是一种心理更切合实际，因此，随着公案禅最终没有盛行开来，反映心理的切实的语句被广泛使用。"觑看"等说法，就如同"瞥见""一瞥"等词语的意义，一念之上，触及常性的消息。在体验它的时候，会伴随着"喷地一发"和"囮地一下"[1]等心理现象的记述出现。这些句子所描述的，全都是到目前为止没有预料到的事情突然间发生，惊呼"啊，就是这个"时恍然明了的神情。用具体的、体验性的"见"来取代概念性的、抽象的知或是智，记叙下到达"见"为止一路的行程。

1　喷地一发、囮地一下：均为禅宗用语，比喻禅僧开悟的一刹那间精神振奋的状态。囮同"咄"，表示用力之声。

三

　　若是用认识论来记述如上自性见、鉴觉或者见性等的端的[1]，大体上就是这样。而以存在论的层面来观察的话，自性见的而今则成了"一真实"。这里所说的一真实或一真贞实等，也并非是指有见闻觉知上的存在这样的实体，而是"不可见的了了见"，如果以为其有实体，想徒手去捕捉的话，就会不得要领，怎么也抓不住。因此，可以说是说它有则有，说它无则无，或者可以说是说它是怎么就是怎么，说它不怎么就是不怎么，漫无边际，暧昧不明，ambiguos[2]。"一真实"最早出现在禅学史上，是在唐代禅宗繁荣兴盛起来的时候。了解一下此词的来历，能在很多时候成为参考，大有裨益。兹记录于下。

　　石头希迁和马祖生在同一时代，都是八世纪的人物。石头有位弟子叫药山惟严（751—834），他先拜访了石头，询

1　端的：谓事理之本末始终，确切分明而显然可见。

2　ambiguos：作者原注，"模棱两可、含混不清"。

141

问道：

"我认为佛教之义，只要熟读经典，大体就能理解其意，然而对于流传于南方的直指人心、见性成佛这一教义，我还不甚明了，有疑问之处。恳请您赐教。"

石头对此答曰：

"恁么也不得，不恁么也不得，恁么不恁么总不得。你看如何？"

药山竟然毫无头绪，只好说"我不知道"，于是石头说道：

"那你且往马祖处去。许能听得更易领会之教导。"

于是药山恭恭敬敬地行了礼，来到马祖座下，又如之前那般提问。

（这里有一件事需要提醒诸位注意。马祖和石头，是那个时代的两大宗师，马祖在江西，石头在湖南。虽然不知道当时二人的住处实际上相隔有多远，然而不管怎样，像今日这样顺畅地旅行是不可能的。因此，药山要在其间往来，一定耗费了许多时日，经历了相当多的困难。我们必须将这一点铭记于心。）

马祖的回答如下：

"有时教伊扬眉瞬目[1]，有时不教伊扬眉瞬目。有时教伊扬眉瞬目者是，有时教伊扬眉瞬目者不是。子作么生？"

药山听到此处，顿有所悟，于是向马祖叩拜行礼。此后

1　扬眉瞬目：谓禅者间不以言语而以眉目动作交流。

过了大约三年，有一日，马祖问药山："你近来如何？"药山答云：

"皮肤脱落尽，唯有一真实。"

这里所说的"一真实"，大有深意。在逻辑学上，我们会觉得真实是与虚伪相对的词语，事实上，它和"最后的事实""绝对的存在"是同义的。真实就如同神的存在自身一样，是前所未有后所未见的"一物"。是将"父母未生以前的本来面目"[1]、善与恶、有与无、否与是分离隔绝开来的"最后的肯定"，是"在最为抽象之处，看最为具体之物的一念"，指示着讲述自然、自在、自由、自尔之时的"自"之所在。

"心"这个字被运用于多种语境，表达不同的含义，而佛教中常常出现"无心"一词。这是与有心相对而言的。有心是指将事物放在心里。带着意图和目的做事，这样一来就会隐藏着计划性。无心与之相反，是指本能地、反射性地、无意识地行动的情形。所谓"云无心以出岫""思无邪"这类情形就是无心。尽管在某种意义上，也有如痴如呆的感觉，然而说到无心时，并不一定就是指像木石一般的意思。把无限的作用存入其内，如同零一样，是空虚的。没有边缘的圆相，则称为无心，又称作"无念无想"。在佛教术语中，有不生心[2]、无住心、本觉[3]等种种说法。把这看作"见即是性""性即

1　父母未生以前的本来面目：指人人本具，不迷不悟之面目。

2　不生心：心不生妄，心即清净。

3　本觉：本有之觉性。

是见"的自性见也是可以的。

　　话题似乎又变成了心理上的内容，不过说实在的，如果像哲学家那样，对"唯一的事实"进行这样那样的分析性论述的话，反而会让人感到迷惑。比起这样，像古代的禅师那样一棒一喝地说法才更为简便吧。然而，仅仅如此人们是无法完全明白事理的，所以要使用种种的文字，一条一条地进行梳理。关键在于，要先对"此"这一点进行觑捕。不过，必须多次重申的是，所谓"此"这一点，并不是有限的、相关的、对峙的一点。也即不是一点的一点，在说"这一点"的时候，指的是已经不是那一点的一点——总之，是肯定又否定、否定又肯定的矛盾的同一性。如果不明白这些，就完全不能理解上面叙述的内容，会认为它只是矛盾的连续而已。哲学家无论如何都必须有一死，必须要"一边活着一边死去"。接着，必须再一次复活归来。换言之，这样一来才成为真正的"哲人"。虽然在东方没有今天我们一般所说的"哲学家"，但"哲人"是有的，而且还有无法脱离"哲人"的学问。今后在日本——不，在全世界范围内，使"哲人"和"哲学家"并驾齐驱的"人才培育"都可谓"急急如律令"吧。

四

这里我们言归正传。

如果专心于一点上，看一物，知一事，忘记走出一事一物一点以外的话，所得的知识和见解都是有限的，自由的作用就无从显现。我们必须要意识到，有限的一本身就是无限的整体。只要是有限的，无论朝向何处都会被束缚住。因此必须要超越无碍之一道[1]。虽说是"无限的整体"，但如果认为这个整体又像一个个有限的事物一样，把它当作处于有限的每一个个体之外的一来看待的话，它又将变成有限的事物，与有限的每一个个体对立起来。必须得横超这个对立。不是竖超[2]而是横超。这是一种不连续的连续。而且，如果不去亲身体验此间的消长变化，就什么也不会明白。我到目前为止所说的话，都是以此为本的，这一点不可或忘。

逻辑的矛盾，说到底就是概念性分析的产物。如果直截

1　无碍之一道：指体会生死即涅槃后无碍之悟道。
2　竖超：竖指自力，超指迅速超越生死之迷惑。

145

了当地觑破具体的事实，那么矛盾也就不会是矛盾了。如果我们说，因为一无所知，因此无所不知；因为一无所见，因此无所不见，逻辑学家会怒不可遏地冲上来说：这怎么可能！这是理所当然的。如果不说出口来，就叫作不知道；而如果说出口来，就会被那句话所缠缚。被缠缚住的话，就会支离破碎，最终难以收拾。人类这种生物实在是麻烦的东西。然而，就在这麻烦之中也还是有趣味在的，人类的生活也不是可以轻易否定的。

（顺带一提，在百丈等人的时代，将那些在语言文字的运用上尤为执着，将有或无的分别观视作至高无上，一心以贪求为念，不懂得何为"透过三句外"的人称作"运粪人"，反之则称为"除粪人"。虽然这样的说法很奇怪，但仔细想想，也并非没有切中要害。不过，也正因如此，我们不应当看不起那些看起来不够文雅的文字。每一个字都对人生起着这样或那样重要的作用。）

正如前文中稍稍触及的那样，所谓必须脱离百丈的三句，或者叫作三段式的思维，以及必须"透过（三句外）"究竟是什么意思，我想通过以下的说明，就能够弄明白了。

我们人类在像现在这样生活下去的时候，总是无意识地在各个方面受着束缚。在政治上、经济上、心理上、物理上，总感到不自由，觉得不自然。这使得我们普遍感到不安。我们祈愿着脱离这些，希望能够自由地、具有创造性地、自主地度过一生。即便未必对于一切都能如此自觉，仍然会有一种烦闷、苦恼、忧虑、不安的念头萦绕于心，这正是人生之常态。因此人们才会想要以某种方式摆脱这些桎梏。这是第一段。随后，通过跟着师父学习，或是通过自身思考，有了某种领会和觉悟。这是第二段。接下来，随着执着于获得的领会与体悟，便会意识到"自己懂得了这些，领悟了这些"。这样一来，人们就会想要继续追求这种"懂得与领悟"的意识。虽然与最初的执着不同，但其执着的程度却是相同的。而这又会成为灾祸的源头，束缚原本的自由。因此处于第三段时，又必须脱离这种执着。否则就不可能体会到真正的自由和真正的自主性。

像这样，成功跨越了第三段的话，才算是拥有了"自由的状态"和"自由独立的状态"。既不求佛，也不畏魔，入得极乐，去得地狱，就如同"要生则生，要死则死"一样，实现了去住自在。明白了"去住自在"的消息，才可以说得上是"心如木石"或"心如虚空"。木石和虚空，从相对的立场来看的话，是大不相同的。然而实际上，从不能为一切有无之法所束缚的主体性自身来看，却存在着如木石般无情、如虚空般广袤的事物。就这样，诸佛从那无心无情、廓然无圣[1]的地方，跃入众生之中。他们抛却极乐，义无反顾地投身到地狱的痛苦中去。

1　廓然无圣：指大悟之境地。此大悟之境地无凡圣之区别，既不舍凡，亦不求圣，故称作廓然无圣。

五

　　《法华经》中有如下一段话。（不求知，不求见，不愿成为佛菩萨，庸庸碌碌，犹如木石。然而，就在此处展开了大慈大悲的大范围行动，得以维持无功用的生活。这皆由"如今鉴觉"这一念发展而来，也就是所谓"转辘辘地"。）系《法华经·法师品》所云。先是发问道，善男信女应当如何去解《法华经》，答曰：

　　　　是善男子善女人，入如来室，著如来衣，坐如来座。尔乃应为四众广说斯经。如来室者，一切众生中大慈悲心是。如来衣者，柔和忍辱心是。如来座者，一切法空是。安住是中，然后以不懈怠心，为诸菩萨及四众，广说是《法华经》。

　　我认为这是很容易读懂的文言文。从文字上来看，这像是读《法华经》时的心得。然而实际上，这并不是一般意义上诵读文字连贯的佛经经卷。这一卷被称作"妙法莲华经"的经书，实际是时间和空间交错之间的、编织出千变万化事象的人生舞台。在这个现实的舞台上，我们人之所以为人，正是因为有日常生活中经历生死时获得的领悟。因此，读透这篇"活泼泼地"大作后最先获得的领悟即是：坐上所谓的"空之座"，贯彻"仅为此刻·仅为此处"这一念，彻底地成为凡夫俗子，然后身处自然涌现出大慈大悲的僧房内，穿着忍辱与精进的大方便的衣裳，自由、自在、自主地，做自然的"创造者"。这就是作为人类，"不变随缘"[1]的生活方式。

又或者说："人都是罪恶的存在。千劫万劫、罪孽深重的我们，无论如何，终将去往地狱。"尽管如此，在另一方面，无论罪孽多么深重的人，如果能够真心实意地张口念诵一句"南无阿弥陀佛"，我们就会知道，此时，佛祖即刻会以其本愿力[2]，拯救处于这样状态下的我们的肉身。这种矛盾也随之被弱化。

我自己的想法——像这样的想法本身，正是我们原本就具有的本愿力，也就是大慈大悲的本愿力——是从这里喷发出来的。据此，前文提及的种种矛盾，大体上都是真的。它们都会去往地狱，这也正是立即令我们离开彼处的理由。因

1　佛曰："随缘不变，不变随缘。""不变随缘"是佛教化众生的一种境界。本文标题译文即取自于此句。

2　本愿力：指本愿之力用。依天亲菩萨之《往生论》所说，佛之本愿力，能速疾成满如大宝海之无量而殊胜之功德。阿弥陀佛的本愿力就是"南无阿弥陀佛"六字名号，愿以成力，力以就愿。

为罪业[1]之故，罪业才会消失。这一人生中的绝大的矛盾，或者说是人类存在的绝大矛盾，从百丈禅师所说的"只如今鉴觉"这一念——真正体会到"此时·此地"的那一刹那开始得以化解。这就是所谓的"真空妙用"。《普门品》[2]中说："真观清净观，广大智慧观，悲观及慈观，常愿常瞻仰。"大慈大悲源自大智，大智即为大慈悲。在这悲智[3]如一之处，有着常住永久的本愿，同时又潜藏着充满感激却不胜惶恐的真情。佛教的信仰皆始于这一点，又终于这一点。而所谓的东方事物中最深、最玄、最妙之处，便在于此。

1　罪业：佛教用语。谓身、口、意三业所造之罪。亦泛指应受恶报的罪孽。
2　指《妙法莲华经》第二十五品《观世音菩萨普门品》。
3　悲智：指救度众生之慈悲与求菩提之智慧。

六

地狱虽被称为是诸多痛苦的聚集停留之地，但从认识论的角度来看的话，也不过就是语言、文字、分别、意识、概念、分析的藏身之处。是人类自己筑造、自己前往的地方。而并非受他人惩罚，用以偿还罪恶的监狱。于是，等到时机到来，它们会从这里出来，将自己的命运重新延展开去。

所谓极乐，就是当语言、分别等等各自恰如其分地发挥了自己的作用而不会侵入其他的领域时，终于可以找到让人安心的故乡。那就是极乐。若是与之相反，极乐如果是佛典中所描述的那样的话，轻率地说要抛弃分别，人们怕是一天也忍受不了。若是长久居住的话，最终人们不是会变成痴呆，就是会堕入那八功德池中的八定水[1]吧。往生极乐的人们，在转生的刹那，会再次来到娑婆，或者堕入地狱之中，为各种

1　八功德池中的八定水：极乐国土内有天然而非人造的水池，因其水具有温凉、洁净、甘美、柔软、润泽、安和、除饥饿、长养诸根的八种功德而被称为八功德池，充满其中的池水被称为八定水。

苦恼所困，身陷于不分昼夜遭受折磨的精神病人的救赎之中。这个所谓的地狱也不存在于娑婆之外，不过是娑婆其本身的另一个名称罢了。极乐净土绝对绝对不是一个可以永久停留的地方。

此外，还有一件必须预先知道的事情。大概有不少人认为在超越了文字和分别的世界的地方坐落着极乐净土吧。也就是说，一定也有人认定在远离了娑婆的西方十万亿土[1]有极乐存在吧。然而，不能忘记这种所谓的超越和隔绝，并非竖超，而是横超。这样，就不可忘记这种横向的东西，其意义并非在于跳出横向，而是在于跳入其中。前文说过，百丈是三段的跳跃，而昙鸾[2]和亲鸾的净土观却是还相回向的横超。且并非仅仅横向发展，那横向波动还会很快朝着原来的途径返回。把这看作是二段也可，看作三段也行，哪一种都没有问题。事实上，依然故我，变回最初的凡夫俗子，"不变随缘"的自己。

要再重新说一遍的话，就是像最初一样，重归于与生俱来的人性之中。"重归"这件事情是非常重要的。不是成为佛，不是彻底化为佛，而是成为最开始的凡夫。也就是修禅之人所说的"平常心是道"。要说这是什么意思，那就是饿了就去吃，渴了就去喝，累了就去睡，醒来了就去工作。要问这和猫狗的生活有何不同，其实也并没有什么不同。不过，这

1　十万亿土：从娑婆即现世到西方极乐世界的佛土的数目。

2　昙鸾（476—542）：中国北魏时的僧人，净土宗五祖中的初祖，真宗七祖中的第三祖。著有《净土论注》《赞阿弥陀佛偈》等。

其间也有巨大的差别，简直是天壤之别。那就是只有人类才拥有的自觉意识。虽说一切都会走向消亡，但就是在这一点上，才有着人类生活的价值。这一点是不可忘记的。

虽说只有未曾丢失孩童之心，或是像赤子一般的成人才可以被允许进入天堂，不过，这里所指的并不仅仅是成为赤子。而是成为成年的赤子，是具备了分别的无分别，是在一次次的迷茫之后最终成为的成年赤子，是抽掉旧桶底之后的赤子。对于这一点必须充分地理解才行。"从心所欲，不逾矩"，七十岁老人的赤子化，绝不是变成一个随意大小便的小婴儿而已。成功前往极乐净土的人，也绝不仅是"不变随缘"的人而已。而是成为不论去地狱还是天堂，都能大手一挥、自由出入，达到无依境界[1]的闲道人[2]。

---

1 无依境界：不依靠任何东西也不执着于任何东西的自由自在的领悟境界。
2 闲道人：禅宗用语。指闲适无为的出家人（禅僧）。

七

　　娑婆"不变随缘"地化为极乐，凡夫"不变随缘"地成
为佛这种鉴觉，这类颇为显著的实例，可以从真宗的"妙好人"
身上看出来。妙好人类型的修佛者在真宗之外怕是找不到了。
这种人非常的稀有，实在是难得。

　　接下来将要引为例证的，是一个名叫浅川才市的人的事
迹：此人于1851年（嘉永四年）生于石见国的迩摩郡，也就
是今天的温泉津町。昭和七年（1932），他以八十三岁的高寿，
结束了其宝贵的娑婆生涯。许多关于妙好人的内容都没有在
文献中保存下来，但才市翁却坚持写了三十多年类似信仰日
记般的文字。这一点是古往今来从未有过的。这是他作为一
个既无学问亦无文才的所谓目不识丁的"尼入道"[1]，用其生疏
的笔触，天真烂漫地记录下的心境变迁。这真是非常值得珍
藏的文献。现在我来引用一下其中的二三处文字。

1　日本净土宗称不出家却剃去头发皈依佛门的女性为"尼入道"。又称"尼
女房"。此处当系作者喻指才市未出家而皈依佛门。

[有"百不知百不会"这样一句话。意思是一无所知。但它实际上并不停滞于此，而是反将彼处认作安心立命之境，用一种积极、肯定的态度"不变随缘"地安定下来。不过，妙好人在更为具体、生动的文辞之中，洋溢着积极与欢喜之情。这是因为，与修禅者偏爱于般若所不同，充满了感情的缘故吧。修禅者总是看似超然地远离了有无，而妙好人却一边徘徊于有无之间，一边时时刻刻维持着"南无阿弥陀佛"的形象。修禅者是"柳绿花红，山高水长"，具备着概念性质的一般性。妙好人却受到太平洋上惊涛骇浪的拍打，浮浮沉沉，被"难得"与"可惜"这一对父母所拥抱。这是大智与大悲自不同层面所显现出来的样态的差异。它们在"不变随缘"的概念之中都不曾改变。不过，现代人对于将"不变随缘"在现代社会的环境中鲜活地呈现出来这件事不可怠慢。我相信，要做到这一点，必须要具备现代的看待事物的观点、行动方式，以及足以看穿一切的分别意识和文字智慧。这里，我不禁想起了康德所说的那句箴言，"缺乏'直觉'（或者说是直感）的概念是空洞的，缺乏概念的直觉是盲目的"。前言就说到这里，开始进入引文。]

从某一个角度来看，"不变随缘"是证明"绝对矛盾的自我同一"的实例，从才市翁的娑婆观及其他的内容中，立时可以看出这一点。

　　　从这娑婆世界投生于极乐

　　　没有任何捷径，

155

还是在这娑婆世界中。

娑婆世界念诵南无阿弥陀佛，

极乐世界亦念诵南无阿弥陀佛，

庆幸啊！庆幸啊！

才市兴奋得合不上眼，

南无阿弥陀佛，南无阿弥陀佛。

我试着思考何谓幸福，

请为我念诵南无阿弥陀佛，

在这俗世念诵南无阿弥陀佛、享受净土。

为南无阿弥陀佛所接引，

被南无阿弥陀佛所指引。

　　在这里应该注意的一件事是，对于才市翁而言，"南无阿弥陀佛"不是在称呼佛的名号[1]，而是象征着才市翁自己和"南无阿弥陀佛"已经融为一体。我至今为止仅仅看到了他反复念诵佛号[2]的行为，然而如果用心去诵读的话，会发现佛的名号指的就是他，他就是名号。念诵佛号不外乎是自己反复念诵自己的名字。他并没有意识到这一点。我相信，"妙好人"

1　名号：佛教用语。特指诸佛菩萨名，而以指南无阿弥陀佛为常。

2　佛号：佛教诸佛及大菩萨的名号。如佛教创始人释迦牟尼佛的佛号（称本师释迦牟尼佛）。另，佛教中佛教徒最常持名的还包括西方极乐世界阿弥陀佛的佛号（全称西方极乐世界大慈大悲阿弥陀佛，简称阿弥陀佛），很多佛教徒谈到持佛名号常专指持阿弥陀佛佛号。

的不可思议之处正在这里。虽然篇幅有一点长，然而如果不做一些引用的话，是没办法理解那种境界的。

> 卑贱的啊，虽然是卑贱的
> 却心怀慈悲啊！
> 慈悲来自于欢喜啊！
> 我啊，虽然是个冷酷无情的人，
> 虽然是地狱里的人，
> 可是有慈悲的人牵引着我；
> 有时卑贱，
> 有时欢喜，
> 至于我啊，这些那些，
> 都是一窍不通。
> 就这样忧世地生活，多么轻松！
> 南无阿弥陀佛，南无阿弥陀佛。
> 佛法近处，若有缘分的话，
> 总是这样轻松地，念诵南无阿弥陀佛，
> 南无阿弥陀佛，南无阿弥陀佛，
> 南无阿弥陀佛，南无阿弥陀佛，
> 南无阿弥陀佛，南无阿弥陀佛。
>
> 等等、等等，这样的才市，甚好！
> 而我觉得如此虽好，

邪恶的内心又在蠢蠢欲动。

我能够出现在

开山祖师的面前吗？

这些且不论，我能说说那些值得高兴的事情吗？

现在开始，净说些卑贱、可耻的事情，也好！

即便如此，卑贱与喜悦呀，

都会追随着你，不会离你而去。

不，不，就算你这样说，

我也不会停止念佛。

南无阿弥陀佛，南无阿弥陀佛，

南无阿弥陀佛，南无阿弥陀佛，

南无阿弥陀佛，南无阿弥陀佛。

我的引用打算到这里就结束了，然而在我的脑海里却浮现出当时的画面：一面自言自语说"这样的才市啊，甚好！眼下，暂时停一停也好。今晚都已经凌晨三点了呢！"，然而又一面继续下去。

（文章太长了，我决定就在这里搁笔。有关"妙好人"，有太多不得不写的内容。身为日本人，对于这些先人的事迹和名言不可忘却。为了读者更加容易理解，我对原文做了些许调整。）

（原载于1963年2月号《心》）

第七章

东西杂感

前一阵子，我在《心》中所写的启程去夏威夷之前的杂谈中，记载了圣路易斯市一位奇特的犹太工人的故事，这位工人的名字我在一本记事本上找到了，叫作威廉·凯斯林格尔。让人不可思议的是，那所大学指定的三位"学者"出席了这次会议，然后大家一起在那所大学获得了名誉学位。[1]我们三个人就成为奇妙的"三人组"。可怜的是，胡适先生最近做了外科手术，形容憔悴，完全不复昔日的神采。虽然与我的观点不合，我还是不由得欣赏他的人品，每次碰面，都觉得很开心。想到不知下一次我们还会在哪里碰上面，心中有一些不安。

中国的学者们因为无法在中国本土上安顿下来，不得不散落在世界各处，实在让人觉得遗憾，每回与他们相见，我

1　1959年夏，铃木大拙与中国的胡适、印度的拉达克里希南一同受邀出席在夏威夷大学举办的第三届东西方哲学讨论会。三人均被校方授予名誉博士学位。

都会暗自伤心，不知道有没有什么办法。从这一点来看，日本战败以后虽然被人瞧不起，仍然有所可为，必须说是很值得感恩的。不幸的人们不必说在东方诸国，在西方也是随处可见的。

我随之所想到的是，世界作为一个整体，眼下不是即将迎来一个不知为何的大变动的时期吗？战争开始以后，即使没有波及所有人，人类之泰半难道不是从这地表上被消除了吗？接下来未必不会重新播种。即使没有到这一步，现代工业化、机械化的大潮已经泛滥在世界的每一个角落里，迄今为止的观察方式、思考方式，难道不是全错了吗？而且，与过去的手工时代、家庭工业时代不同，等不及百年、两百年，匆匆忙忙就是三十年、四十年过去。也许是因为人类的心理不能及时顺应时代，精神病人就频频出现了。

此外，所谓现代化的东西，有着一般化与概念化的倾向。因此，受到了各自的创造性的压迫。最终，可能会以某种形式在某个地方爆发出来吧。

总之，可以推断的是，这即将到来的时代，在人类的文化史上，会出现巨大的变化。能否人为地制约它们，这是一个问题。这世界连五年、十年之后都无法预测，因此，一切都包裹在神秘之中，随波逐流，浮浮沉沉，这就是人类的命运吧。存在主义论者到哪儿都是一副忧心忡忡的面孔，也是有其相应的理由的。

最近，在东西方的哲学家之间，出现了东方是非合理主义、西方是合理主义的意见。我觉得不拘怎样都可以。虽然是非合理主义，也不会胡乱干杀人的勾当吧；虽然是合理主义，也不会废寝忘食地去月球探险吧。人类不能仅靠其中一方存活下去，而事实上，在非合理与合理之间，人们总能掌控得恰到好处，因此哲学家之间的讨论，我认为不过是一件趣事而已。一开始就对某一件事有了定见，不是一件好事。希望可以在自由而宽容的汪洋中前行。

就像中国与印度学者所说的那样，在东方，任何事都与人格的养成有着关联；在西方，提倡科学为了科学、艺术为了艺术，不厌其烦地强调它们的独立性。在日本等地，人类所做的事情——花道也好剑道也好，舞蹈也好歌谣也好——全部都与人格的提升有关。要当画家，胸中没有万卷书是不行的。西方的美术就不会附加这样的要求。这可以说是东方与西方的差异。

说起剑道与禅大有关系，西方人究竟会怎么说呢？禅不是一种宗教吗？剑不管怎么说是用来杀人的，这两者之间应该有怎样的关系呢？他们会愤怒地逼问说，禅对于杀人犯能有什么帮助吗？尤其是剑，如果说它必须从忘记自我忘记敌人、杀人、放生等无分别的地方出发，开始运用的话，当地的人们一定会露出压抑的神色。因为在西方文化的传统中，欠缺这样的思考方式。若是听到我们所说的话，他们如梦方醒般地感到吃惊，也并没有什么不可思议的。

所谓持剑决斗，就是拼个你死我活。因此，如果有片刻忘记了自己，就非得送命不可。危险至极，必须小心谨慎。然而，实际上，如果考虑到自己，就会有相应的漏洞出现。哪怕是一点小小的疏忽，就会立即招来对方的剑锋。如果因此而丧命，实际上就是自杀。剑刃上的较量是电光石火一般的，没有容纳"我"的余地。不过，在性命相争这样危险万分之际，怎样才能忘记自我呢？这里可以窥见人类幽微的心理。事实上，所谓"不入虎穴焉得虎子"。能够领悟到这一点，就是剑术的奥义，是剑术的妙处。关于人间万事，都可以这么说。禅的修行，就是在其最根本之处，试图理解这一机根。岂止是剑而已呢！

把这些话说给东方人听，他们很快可以理解。西方人却难以接受。

东方式的心理是，无论何事都是内向的。东方人大多都是introvert[1]。西方人是extrovert[2]。因此，他们的好奇心、探究心都是向外的、扩张的。而内里的部分，几乎是毫不关心地闲置着。外部很广，内部很深。

1　introvert：作者原注，"内向的人、腼腆的人"。
2　extrovert：作者原注，"外向的人"。

我们说科学在西方很发达，东方在这一点上是落后的。归根结底，是内向与外向的差别。向外的话可以看到一片辉煌灿烂，一切都是干脆利落的。看起来像是从头开始被逐一整理。东方那些看起来总有些落后的方面，也是无可奈何的。

外向性的探究心所带来的好处，在医学方面最为显著。现代人的平均年龄普遍有所上升，无论如何，都得归功于医学的力量。不过，在医学范畴中，不知是不是我个人的感想，有一件奇怪的事情总让我觉得无法接受。那就是人工受孕。想要孩子，可是因为无法怀上，于是注射从不知身份的拥有健康血统的男子那里获得的精液，使自己受孕。由此，女性受精的成功率上升了，按照一般生物的原则，经过一定的时日，孩子得以出生。于是疼爱他，抚养他长大。母性的欲望得以满足。

然而，问题在于这个孩子将要长大成人的时候。想要弄清自己的父亲是什么人，却不知道到底是谁。若是以生物学的角度客观地看待一个人的出生的话，和其他的动物没有什么两样。不过，人类除了生物学上的制约以外，还有人特有的心理观、道德观、灵性观等的存在。从这一点出发，通过人工受孕出生的人，对于自我的存在，应当在自己的内心中深刻地反省。伴随着反省，他会产生怎样的情感呢？也许会认为自己和普通人不一样吧。事实上观察到的究竟如何呢？

我很想弄清楚人性的博爱与没有伴随生理冲动的机械式的受孕的结果，以及当事人的性情之间的关系。

作为西方式科学文明的一个现象，这也为研究提供了新的材料。

西方人让人类自然化。东方人让自然人性化。因此，在东方，自然也有了性情。所谓融化在自然之中，就是自然也具有人性之意。与此相反的是，西方把人类看作是自然界的一个物体，有着将人类非人化的倾向。所谓尊重人权，是就政治与法律层面而言，在科学研究上从没有说过要尊重它。他们认为人类也是物体，把人类作为科学实验的材料也没有什么大不了的。人工受孕等现象明白地显示了这一倾向。虽然尊重人的生命，人的威严、品味、价值等等，却不大在考虑的范畴之中。西方科学发达的原因，主要在于客观地看待人类，不在这些地方夹带所谓的人情吧。

对于希望自然也能拥有人情味的东方人而言，欠缺法律性的思维，实在是理所当然的。不必说些法律怎样、逻辑如何的话，通融一下不也可以吗——我们东方人认为，东方式的性情里是有着趣味的。因为东方是以广袤的大陆为背景形成的社会，不必像欧洲各国那样模仿希腊或犹太民族斤斤计较的个性。我们总是坦荡荡的。所谓清浊并吞，是指既有好的一面，也有坏的一面。对于那些叫嚣着必须处处明辨正邪，正义（righteousness）如何，公道如何，公平又如何的心胸狭窄的立法国，实在不怎么佩服。天网恢恢，疏而不漏。不漏处就交给天，人类不如在稀疏处安下心来如何？这句话随心所欲地去发挥是不行的，不过在他人之上考虑恢恢，是长者的心境吧。众人昭昭察察，自己如愚如鲁不也很好吗？对灰头土脸的禅师俯下首去这件事，如果连东方都做不到的话，谁还会求全责备呢？

"爱敌人"也不是错的。不过，一开始就不认作是"敌人"，才是东方式圣人汪洋如海一般的态度。

跨过我家的门槛走出来时，认为天下皆敌这样狭隘的想法，应该还给过去的"武士"了。但愿再也不要出现受此影响而发动愚蠢战争的军人们了。苏俄看起来仍然困扰于自卑情结，向往着征服与权力。言与行都是分开的。美国也是有一些气量狭窄的地方。无法摆脱犹太教与基督教传统的倾向看起来十分明显。然而历史是悠久的。或许，主张应该耐心等待的正是"东方的风格"。只是对于节奏变快了的现代人而言，也有等不下去的时候。

东方以母爱作为理想，西方则认为父爱最好。在西方人的常识里，认为东方人对于女性缺乏敬爱之心。然而从某种角度来说，虽然我不知道将女性作为整体来看会怎么样，说到对于母性的敬爱之情，还是东方更为突出。不允许母性存在的地方是没有的。倾其所有地疼爱孩子，将罪人引导至天国而毫不畏惧。我一直认为玛利亚并非来源于基督教或犹太教，而是从东方传过去的。没有玛利亚的新教有着倒退的倾向，大概是因为它与今天世俗常有的情势不同吧。姑且不论道理或是科学，玛利亚活着升入天国，是人情之常，无论如何是理所应当的。据说观音菩萨原本是威严的男性，如今在东方是充满爱的母性之神。

在东方，人们无条件地接受观音菩萨。男性的神祇阿婆卢吉低舍婆罗变为南无大慈大悲的观世音，正是基于东方人的心理。观音菩萨是母亲，也是永远的女性。虽说是母亲，然而从没有看见过老妇形象的观音画或是木像。母亲永远是年轻美丽的女性，不会变老，永远是天人之姿。如果将老子笔下的"母"绘成画像，一定是美丽的仙女形象。男人觉得老人远离了欲望与利益，似乎更好。基督教的神（上帝）是长着胡子的老爷爷。虽然是"神的母亲"，玛利亚却是端庄美丽的年轻女性。满脸皱纹的玛利亚或是观音菩萨，实在是不招人喜欢。女性必须永远年轻才行。年轻美丽的女性身上会显现出母爱，因此被世人所仰慕。

在西方，难道不是只关注女性的年轻与美丽，却很容易忘记她们身上宝藏般的母性吗？与此相对，东方人则有着从女性的年轻与美丽中将母性抽象化来看的倾向，难道不是吗？基督信徒的爱中，常常映照出性爱的影子。性爱的另一面是圣爱吗，抑或是相反的呢？不管怎样，将性欲与原罪联结在一起的基督教中，存在着错综复杂的人性之爱与人性之欲，不是吗？

总而言之，玛利亚也好，观音菩萨也好，都是母性的象征。

而且，在东方，观音菩萨岂止有三十三相，她现出无数的化身，到处从事着救济人类与万物的工作。并不是像玛利亚那样，升入天界，由神授予她宝冠。今后东方的基督徒心目中的圣母玛利亚，并不会像观音菩萨一样变化现身吧。不过，我们可以认为，也许这种神话的时代已经成为过去。

无论如何，"宗教"之中，不能没有玛利亚与观音。否则的话，"宗教"就没法让人亲近了。

（原载于1959年11月号《心》）

第八章

关于"妙"

关于"妙"这一话题，去年夏天我在夏威夷参加东西方哲学研究者会议时曾经谈到过。柳君谈的是美，而我想说的是"妙"。我以为，这里的妙在东方思想、东方情感等东方式的事物中是最常出现的。因此，即使想尝试将妙这个字翻译成外语，也找不到好的译词。要是用譬如wonderful、mysterious或是unthinkable之类的单词，与日语中所说的妙也并不对应。另外还有subtle之类的单词，但我仍然觉得它无法体现出妙这个字的深意。因此，我认为妙这个字必定是东方的。因此，妙这个字有着妙理、妙旨、妙趣等等说法，是难以言明而不可思议的。可以回顾一下老子所说的"玄之又玄，众妙之门"这句话，据注书来看，妙字在《易经》中也有，似乎是作动词来使用的。而最先将妙字作为名词或是形容词来使用的我想应该是《老子》。妙字今天写作女字旁，而过去则是玄字旁，写作玅。因此，妙这个字最初应该是与玄有关系的吧。必须从词源学的角度来调查玄这个字的含义。天地玄黄中的天是黑色的，地是黄色的。不过，玄这个字并不是黑色的意思，而是"幽微"的意思。这里并非指天是黑色的，而是说离天遥远，朦胧分辨不清。也就是无法具体形容的意思吧。这方面不做深入研究就无法解释清楚，不过，总而言之，玄是幽微的，即便想要描述它，也无法描述清楚。此外，前面所举的妙字，也并没有一个准确的可以指定的形状，而是无法诉诸语言，让人感到有些暧昧模糊的东西。我想用妙来称呼它。玄这个字在道教里是一个至为重要的词语，道教也称作玄宗或是玄门等，老子所谓的"玄之又玄，众妙之门"，可以理解为在玄而又玄的最后，用语言无法描述的地方，妙出现了。所谓众妙之门，门与其说是入口的门，不如解释为一切皆从此处出现的源头更好。再有，老子的话中最后有一节是"无名天地之始，有名万物之母"[1]。这里说到的无名，就是无名成为玄的意思。因此，可以这样说，一切不可思议的未被取名的事物、无法被胡乱定义的事物都是玄。玄而又玄的事物成为根本，所有的妙都从这里生发出来。

对于妙，如果使用最近心理学上的词，则是unconscious（无意识）。我想把这unconscious分为两种，一种是psychological unconscious（心理学上的无意识），另外一种是metaphysical unconscious（形而上学的无意识）。所谓psychological unconscious，可以看作是今日心理学及精神分析学上所说的无意识。弗洛

1　出自《道德经》第一章，此处"最后"或为作者误记。

伊德所说的无意识及卡尔·荣格等人所说的集体无意识等等，可以看作是佛教中所说的阿赖耶识。不过，这里仍然没有出现真正的妙。这里出现的事物中仍然有"我"的存在。尽管我不知道我这个字用在这里是否恰当，不过，想要妙出现，还必须有一种超越了的形而上学的无意识。妙这家伙会从无意识里出现。这种无意识甚至会突破阿赖耶识。不是从心理学上的无意识里出现，而是从形而上学的无意识里出现。这里有妙的存在。但只要还是限定在心理学的领域之内，就不是真正的妙。如果不能超越心理学的领域，就不会成为真正的妙。这就是我对于妙的总体的思考。如果再进一步说的话，所谓的无意识，也就是无我，从这无我处可以生出妙来。这也许就是妙这个词的用法吧。说到形而上学的情感，就会混入某种智慧的成分，因此，叫作形而上学的感觉也许更好，像是发怒、欢笑、哭泣等等，也就是说，感情里还有"我"存在才行。欢笑、发怒的时候，必须有某种触碰到我们的东西存在才行。提起感觉，痒的话说痒，痛的话说痛，迅速缩回手去，就说明了其中没有"我"的存在。此外，热与冷虽然也是感觉，这种感觉也不单纯是五感上的感觉，如果要说的话我想这么说，它是更为深奥的形而上的东西在未有二元分化以前的感觉，从这里生出了妙。再进一步，如果用佛教的语言去表述它的话，可以称之为不可得或是难思议。这话暂且不提。

因此，如果试着就美术相关的话题说两句的话，我想说的是，虽说艺术就是技艺，然而这技艺仅只是技艺也是不行的。技艺再熟练，也不会有妙从它这里出现。这里仍然必须有形而上学的无意识起作用才行。这里所出现的东西称为妙，柳君所说的美也一样，如果不是从这里出现的，怎么能称之为美呢？让我来说的话，形而上学的角度称为妙，而柳君从审美学的角度使用美这个字。从宗教学的角度而言，用divine revelation[1]一词来表示也是可以的。在这里，可以感觉到真正的妙是不会出现的。妙中没有被动性的东西，只有能动性的东西。妙这个字，极为普遍地用于各种场合，如果不挖掘到我刚刚所述的意义的层面，真正的妙就不会出现，难道不是这样吗？据说艺术家常常完全融入自己的身份。虽然在西方也是这么说，不过我以为，所谓的艺术家，很难完全融入自己的身份。我觉得他们有许多地方太过被自己的技艺所束缚。如果不能克服这一点，就不能产生真正的美。在这一点上，我觉得比起所谓艺术家的作品，在没有这些意识的民艺作品之中，反而富于无意识的表现的可能性，可以看见妙的作用。牵着一根线，稍稍一抬手，或是用手一指，妙就出现了。妙并不在手指尖上，它潜藏在用手指或是抬起手时的动作里，藏在试图通过手腕、经过手指的地方。这就是禅最紧要的地方。我相信东方人对此事的关注，远甚于西方人。西方总是为技术所束缚，有意识地评价事物好与不好，然后去绘画、去雕刻。这样一来，就不会有真正的美产生。真正的美之中，

1　divine revelation：意为神圣的启示。

从某种意义上而言，是不可以有teleology（目的论）存在的。有了目的的话，意识就会紧跟着出现，于是"我"就随之出现了。这样一来，妙就不会出现。如果要问该怎样做才好，佛教中说的是无我与无心。

禅中还有遇佛杀佛、遇祖杀祖，把佛打杀与狗吃等等说法，这就是摧毁象征物的意思。美术的领域里也有着各种各样的象征，因此，摧毁象征物之后，只要在此之上看见超级象征物就可以。总之，必须破坏一次象征物，然后在此基础上看待事物。于是，在这事物中，会有真正的东西出现。因此，在竭力破坏、破坏，破坏至极点的地方，我们会看到有什么东西出现。这就是玄之又玄，我想称其为妙。在这里，柳君用的是美这个字，而我则认为这个妙字，展现出东方思想的真髓。佛教中又试着叫它"不可得"或是"难思议"，这样还是残留着智慧的气味。因此，我认为，比起这样的名词，妙是毫无思考的，而且，它是一种积极的表述，难道不是吗？

（原载于1960年4月号《民艺》）

第九章

发挥人类原本的自由与创造性

万代不易的宗教的作用

其实并不需要写出"在现代"的字样，宗教的作用是万代不易的。如果明白了这一点，现在也好，未来也好，过去也好，都是不存在的。宗教作为宗教，只要发挥其本来的作用，那么一切就若合符节了。不过，在必须起这样一个题目这一点上，我们必须要看到，现代人的情绪，也就是身处现代的事物的运动方法中，存在着一些异常。这究竟是什么呢？我们先从这里开始着手调查。

直至最近，我们最常看到的文字、最常听到的语言——要是举一些我们从孩提时代到青年时代从没有听说过的词，则有以下这些：自然的征服（这是我最厌恶的词，是从未在东方出现过的思想，今后也不必出现）、大众（这是从禅宗的禅堂里产生的词）、大量生产（福特式的）、共产主义、集权主义、新闻媒体（这是我身处国外期间出现的词）、工业化、标准化、机械化及机械主义，等等。我相信除此之外还有许多。

这些文字内部所流淌的思想，全都是概念主义。这种主义还有其他各种各样的名称，这里就不一一列举了。反正都是被一切科学所共有的。是减去了"个体"（单数），与各自的"个体"（复数）相通的。或者说是用超个体的事物将一切归拢到一块儿的主义。从某种意义上来说，是眉毛胡子一起抓的主义。如果想要从科学的角度找出某种规律的话，有特色的个性就会被闲置不顾。一般而言，要在大众之间普及什么的话，根本不会有时间注意到每一个人的特殊性。如果变成大量生产，任何人都必得穿着同样的机器生产出来的衣服，吃着同样的食物，用着同样的东西。于是"个体"隐藏了起来，只能显现出共通性来。虽说没有一模一样的两张脸，它们之间的不同之处，媒体是不会认真对待的。指标处理着一切。按照每一个人脚的大小来做鞋子的话，工业化就会变得不够经济，因此形成了只以机器的共通点为标准来运转的体系。

将其应用在社会生活上的话，就是组织第一。组织必须无视个性。如果总是设置例外的话，那么规则就无法制定，在法律面前就会找出这样那样的借口。如果不是这样的话，就会一心想着钻法律的漏洞。法律学者为了抓住这些钻空子的人，不停地学习，不停地研究。中国古代的哲人们说，因为有法，所以有犯法的人；喋喋不休地说着仁义，道德就会废弛。确实是这样没错。

注重一般性、标准化与概念主义的话，事实上，看起来工作会变得比较轻松。然而，另一方面，非个人就不能做到的事情就被忽略了。不为人所理睬，甚至被人嘲笑。社会人都会孜孜以求，急切地想要变成橡子那样。最终的结果是，人类社会变得与蚂蚁蜜蜂的世界没有两样。个人的创造性被践踏在地。这就是现代社会生活的常态。精神异常者之所以年年增加，可以说根源就在于此吧。据心理学者与心理治疗师等人所说，在现代社会人的生态中，可以感受到压迫个性的条件实在太多。个性的压迫就会导致创造本能的制约。据说美国的"垮掉的一代"运动是受到禅的影响而发起的，他们做的事并不是禅的罪过，而是从现代社会生活的缺陷中自然发生的。

尽管自由频繁地被呼唤，然而那都是盲目的，并不是真实的自由。只要还在过着社会生活，自由之类的东西就不会存在。人类原本对自由的希求，并不是在事物的表面进行的，而是存在于内心深处。让人意识到这一点，正是宗教的作用。

拯救人类覆灭的厄运

有所谓大用现前。这里有着自由的作用。自由、自在等文字原本是从东方出现的。所谓自由，就像西方人所说的liberty或是freedom那样，是没有受到制约的，是完全不受他人迷惑，从自己的心底独自涌现出的意识。就此看来，真正的自由原本是在东方形成、发展的，西方并没有。明治初期的学者没有区分它们的眼力。真正的自由在东方。

而且，这自由只有在东方式的意识中才能说出来。在机械主义的世界、工业化的社会及强硬推行概念主义的思想界，人类的创造的本能怎样也无法施展开来。我相信，如果继续这样强硬地推行现代化，人类只能陷入覆灭的厄运之中。

因此，说到宗教的作用，就必须是能够将人类从此厄运中解救出来。宗教的作用就在于，无论什么时代，都要让人类发明真正的自由，让人类的创造性尽情地发展。

今天我们可以确信，这个作用的效果已经能够最为显著地被实现。

如果要问今天的世界为什么会变成这样，那是因为太过重视力量。第一次、第二次世界大战的肇祸之由就是力量的竞争，想用自己的力量去压制别人。虽然只要自己能够为所欲为，别人都可以不顾的想法自古有之，到了现代，已经变成了集团性的行为。胡乱地为本国与他国作区分。最近，又在主义上做出划分，打算着实施暴力。他们已经忘记，智的世界以外还有着悲的世界。智与悲必须并存。更重要的是，智必须属于悲，然后才能运用。我们必须要意识到，智依靠悲才拥有了力量。真正的自由是从这里诞生的。请读者们想一想，今天的世界里还有悲——大悲吗？我希望大家可以做出观察。被互相猜疑的乌云所笼罩，必定无法看见灿烂的光明，难道不是这样吗？

（原载于1960年4月2日《读卖新闻》）

第十章

《庄子》的一节

—— 之于机械化与创造性之间对立关系的一点启示

在东方，自古以来有两种主要的思潮流传至今，如今仍然可以追溯得到它们。而且，人们认为，近现代文化的方向也受到了它们的启示。其一是儒教思想，再则是老庄思想。儒教思想想要推动的是形式、律法和机械的方向。老庄思想与之相反，它带有无规律的放荡性，重视自由性与创造性。这两种倾向都是人性中的基本特质，不论什么时代，都会以某种形式显现出来。

《庄子》中被称为"外篇"的《天地篇》里，记载了一个有趣的寓言故事。

孔子的弟子子贡旅行途中，看见了一位农夫在田里耕作。此人给旱田浇水是这样的：先下到掘好的水井旁，往桶里灌满水，然后再捧上来，到田边给蔬菜灌溉一点必需的水分。一趟趟花费大量的劳力，颇为费事。子贡看不下去，就对这位丈人说：

"你这项劳动真不容易。有一种叫作桔槔[1]的东西，你没有听说过吗？用它打水的话，你现在的工作立刻就能完成。快去用桔槔吧。"

丈人听了这话，就问"那是什么东西呀"。于是子贡说明了吊桶的构造，总算让对方弄明白了。丈人说：

"你说的东西我不是不知道。只不过使用机械的话，就会生出机心。也就是追求省力而多功的想法。我不愿意这样。想着结果去做事，那是功利主义。这样的想法一旦在胸中浮现，心的纯粹性就被搅乱了。这与道是相悖的。为物所制，不是我所喜好的。"

"功利主义"一词，虽然是我自己附加的说明，不过从丈人的心情来看，充分地体现出这一点。也就是说，自动化的生产方式，会损坏人类精神的自由性与创造性。桔槔之类的，仍属于机械——尽管在今日而言，不能称之为机械，然而在两千多年以前，它已经相当于今天我们所使用的各种机器了。

使用机械与被使用于做某件事，存在着两种看法。也许说感受方式更恰当一些。即便认为自己正在使用着，实际上，也许是正在被使用。即使没有发展成明显看到或是感受到的意识，事实上，转动方向盘，按下按钮，反倒为它所驱使的情形是更普遍的。当出现"被使用"的意识时，可以说已经超越了这一事实。不过，还是残留着目的论的成分，离无功

---

1 桔槔：中国传统的汲水工具，利用杠杆原理吊起水桶。

用的境界差距甚远。物作为物，不被当成物，不因人言而困惑，像"独坐大雄峰"那样——庄子所谓的混沌氏之术，只能说是未到底的。

在现代文明连绵不绝地朝着自动化生产的时代突飞猛进的此刻，桔槔的话题实在太过遥远。然而，在这个话题里，潜藏着东方式思维与西方式思维的联系，这一点不可忘记。只是，如果只停留在这个话题上，我想对于普罗大众而言，弄不明白的地方还有许多。我相信，如果不做进一步的说明，再举上各种各样的事例，那么现在我所要说的内容就无法讲得透彻，这些就留待以后的机会再谈吧。

法则、机械、必至、压迫等一系列的思想，以及与之恰好相反的思想——人类、创造、自由、游戏自在这些，怎样去协调它们呢？或者说，怎样都无法协调吗？是自杀，还是自活？这些都以各种各样的形态，在历史上出现过。在现代，它们以特别明显的严峻的面貌，降临在我们之间。

（原载于1960年11月号《归一》）

第十一章

东方的特质
——幽玄的民族心理

大约五十年前，我旅居国外十余年后归国。那时，我途经苏伊士运河，看见了这样一个场景。我猜那是阿拉伯人吧，他正靠在跪卧的骆驼身旁休憩。我记得当时四周是沙漠，那画面令我感到天下如此泰平，领悟到"啊，原来这就是东方特质"。

　　久居美国之后，我又横渡至英国，暂时在牛津落脚。英国的古老大学城与美国的新兴大学之间的差异，仍然历历在目。我讶异于古老的国度与新兴国家的风景竟如此迥异。

　　东方特质不仅有古老，民族因素和环境同样也对其形成具有影响。在民族心理当中，感性似乎深深渗透到了东方人当中。这份感性，依然深深扎根于今天的日本人心中，无法轻易将它根除。

　　感性，有好有坏。无论是谁都期望能够取其精华，尽早去其糟粕。然而，感情这种心理，有些地方已超出了好坏的逻辑分类，所以往往不能因循守旧，令人苦恼。但是，今后的日本是世界的日本，世界也必须接纳日本。

因此，我们必须终结这种让日本与世界对抗、无论何事都突出自己的岛国根性的单一、轻率又肤浅的爱国主义。为了实践此事，需要延伸知识的边界，加深灵性上的透视。这时，东方特质是最有希望的。这样的人越多，哪怕只多一个，对日本及世界的将来而言都是十分可靠的。

我细数了一些带有日本风格的、岛国特色的、感伤的、有倾向性的肤浅事物和表面现象，一共如下。这些都是消极的东方特质。

一、大人物去世，就因此要将他身边的人和事一并清除（若是政治界就要驱除出政治界）。犬养氏和浅沼氏就是两个例子。我认为这很不成体统，是十分可笑的事，但据说有人曾认真地考虑过，并付诸实际行动。

二、一些有着不成熟又轻率的想法，从心理上来看不正常的人，他们做出的行为是封建的，却被认为有着一颗"纯真"的心。至今，人们依然对他们赞不绝口。真是可笑至极。

三、下次的选举运动的实际情况虽然还无从得知，但我依然对参选者之间是否存在伤感的联系这点感到怀疑。

四、上下级的思想要是只被感情支配，并永不摆脱的话，不知不觉中便会影响到公事。在某些方面，我还是想改善这种上下级的情感并将其保留。它比起在西方盛行的民主主义和个人主义，要更为"和平"。在实行民主主义时，自主精神、独创思想、拒绝随声附和、承担起一切责任 ——这样的自信和觉悟是不可欠缺的。大多数人身上并不具备这种品质。只有少数人，也就是有智慧的、精神强大的、有灵性的"贵族"阶级的人身上才有希望。我见过几张照片，里边的人头上绑着布条，在参与叫什么"游行示威"的活动。这是真正意义上的"游行示威"吗？难道这些人不该称为"普通群众"吗？总之，这个现象背后潜藏着上下级的心理意识。在没有领导指挥的情况下仍为"上级"尽心尽力，即便他们没有清楚意识到这点，那些绑着布条的人背后，难道不是这样的潜意识在驱使着他们吗？

五、近来，有很多群体现象在科学化、技术化、工业化地"大量生产"，或者说逐渐人工化了。这明显意味着个体创造性将被压迫，导致"最具东方特质"的自由、自主、自在（自由、自主、自在、自然等以"自"为开头的复合词里包含东方特质，在此不做赘述）被消耗。"量产"运动在某种意义上，是会让人类沦为平庸的巨大力量。这必定会让日本人伤感地为上级所牵制，日渐衰败。

六、东洋的、感伤的、非现代的事物，一方面，怀古情怀借由经济这个功利主义之名表象化，另一方面，带有怀古特质的事物，又为功利主义所蹂躏，遭到不合理的对待。这个矛盾，或许能以现在处于过渡期这点来说明，那么何时才是非过渡期呢？历史瞬息万变。这种变迁，最终不也意味着过渡吗？矛盾就是生命本身的样态，但如今日本的矛盾却与这种矛盾不同，是单方面的，而且也没有思想上的背景。只是

197

一味地感伤……这是令人担忧的感伤流露。

叡山[1]的儿童游乐场及类似的地方（虽然我没去过高野山，但也许情况相同）都是大煞风景。修缮及改建各地那些封建时期的城址，目的是为了吸引游客。这是多么粗鄙的广告。明明当地的医院毫不像样，图书馆设备和卫生条件都不完善，却在复兴古迹一事上鼓足了干劲，如果说这是我们国人的东方式感伤的体现，那这实在不是我们想看到的。

东方民族的内心深处，有着非常幽玄的事物，我自认为这是世界的珍宝。我想努力让它在世界上也能广为人知。世人从它身上，在那灵性之上会有新的发现，我对此深信不疑。不过至于廉价的感伤性的东方特质，应当全面予以排斥。关于这点，我们必须学习欧美式的合理性。这样就可以替换感伤。

我曾在中亚地区的沙漠中心搭着帐篷，听一位英国人亲切地告诉我说，他远远眺望这星斗阑干的苍穹，顿然醒悟。我们正处于硝烟弥漫、功利主义泛滥的时代，所以才更想看看这样的东方人——日本人，难道不是这样吗？

（原载于1960年11月27日《朝日新闻》）

1　叡山：即比叡山，位于日本滋贺县大津市西部及京都市东北部。

第十二章

隐藏于东方文化根基里的事物

像东方和西方这样，把文化按照地理来划分是好是坏，或许还没有严密地规定。但这个问题没有太多争议，科学上也还未统一说法，于是我也暂且采用东西方这个笼统的划分。

吉卜林[1]曾唱道："东即是东，西即是西，不可合二为一。"我们首先来斟酌一下，西方的民族意识深处究竟有什么。

拉丁语里有这样一句话：divide et impera。译成英语，就是divide and rule的意思。翻译过来就是"分而治之"。这似乎是政治或军事上的用语。分散对方的势力，让其内部产生纷争，然后在对方势力减弱时出击，以此降服对方。不过这句话，不可思议地将西方思想和文化的特征表现得非常贴切。

划分是智慧的体现。首先分为主体和客体。我与他人、自己与世界、心与物、天与地、阴与阳，划分一切事物，这是智慧。若是不分主客，知识也不会成立。感知方与被感知方——

1　约瑟夫·鲁德亚德·吉卜林（Joseph Rudyard Kipling，1865—1936），英国作家及诗人，代表作有故事集《丛林之书》等。1907年获诺贝尔文学奖。

我们的知识都源于这种二元性，然后才逐渐发展下去。哲学也好，科学也好，一切事物都源于此。从个体世界看向多元世界，这就是西方思想的特征。

接下来，划分方与被划分方，二者之间必然会出现斗争。换言之，力量的世界也从这里诞生。力量，即是胜负，是制服或被制服的二元世界。若是有座高山耸立在自己眼前，他就会产生想要登上这座山的念头。历尽千辛万苦，登上顶峰。这样一来，他便征服了高山。他又想像鸟儿一样，在天空翱翔。他费尽心思拟了各种计划，终于发挥出了超出鸟儿的飞行能力，能够一日往返大西洋。他祝贺自己，成功征服了天空。最近又为了能飞到月球上而下功夫。几年后，应该就能实现了吧。月球被征服的那一天一定会到来。这种征服欲是力量，也就是各种侵略主义的实现。换个角度来看，自由的某一面可以窥见这种性格。

以二元性为基础的西方思想，原本就既有长处，也有短处。将一个个特殊的具体事物一般化、概念化、抽象化——这是长处。若是将这点运用到现实生活中，也就是将其工业化的话，就演变成了大量生产。大量生产会把一切事物都普通化、平均化。生产费变得廉价，而且也节省了劳动力。可是，这个长处会不会被短处所抵消，我对此感到疑问。一切事物的普遍化和标准化，意味着消除个体特性，抑制创造欲望。之后"Do It Yourself"（自己动手做）的半成品家具及小型工具出现，这又反过来，消耗了之前节省下的劳动力。某种意义上而言，能够发挥创造力的范围十分狭小。只不过是成为机械的奴隶。从思想方面来说，一般化、理论化、原则化、抽象化，也会抑制个体的特殊性，也就是各自的创造欲望。每个人的思想观念都会固化定型。众生庸碌，是古往今来，任何国家的国民之间都有的现象，将智慧普及的后果就是凡人的民主主义。

东方民族当中，一分为二的智慧慢慢向外发散，看不清它衍生出的所有长处和短处。这是因为智慧在东方，并没有像在欧美那样得到重视。我们东方人的心理，早在智慧和理论万能主义产生之前就已经扎根，并生发出来了它的枝干。近年来，学者们表现出了嘲笑此事的倾向，但这是为智慧外在的耀眼光芒所迷惑而导致的结果。毕竟，他们没有识透那之中的真正含义。

所谓主客体还未被划分以前，就是指神还没有说"要有光"的时候。又或者，是即将说出口的那一瞬间。就在要捕捉到那一瞬间的时刻，东方"玄之又玄"的心理出现了。如果脱离了玄，那么智慧永远是虚浮不定的。现代人的不安就是从这里产生的。这并不仅仅表现在个人身上。这种现象在国际政治上更为显著，报纸上每天都有相关报道。

东方的民族心理，是试图捕捉神算打算将"要有光"的想法付诸行动的那一瞬间。与此相对，欧美式的心理，是埋头钻研"光"出现之后的现象。主客或者说明暗还未区分之前的光景，借东方最早的思想家老子的话来说，就是"恍惚"。庄子称之为"混沌"。也被称为"无状之状，无象之象"。好像有形又好像无形。若是要起个名字，什么是和它相称的呢？在它还没有名字，没有任何性格定位的时候，假设它是还未开始行动的神的形态。老子将它称为"天下溪"和"天下谷"。溪和谷是相同的。它也叫作"玄牝"，意思是"母性""雌性"，也就是歌德所说的"永恒的女性"。不离不弃地守护它，不误导它，就能回归到"婴儿"，回归到"无极"，回归到"朴"。此处还有尚未发言的神在。神要开口说什么的时候，朴便开始四散，无象的象也将被命名，孕育万物的母性就此成立。分割即将开始。认知分割万物的智慧这件事固然重要，但不能忘记"守护其母"。东方民族的意识形态、心理、思想、文化的根源里有一样事物，就是要守护这个母性。是母性，不是父性——这一点要特别牢记。

欧美人的思考方式和感知方式的根源是父性。基督教和犹太教里都有父，却没有母。基督教虽然塑造了圣母玛利亚，但仍在犹豫要不要赋予她绝对性。他们的神是父而非母。父亲用力量、戒律及正义统治天下。母亲则以无条件的爱包容所有，无论善恶。吞并一切，"不改变，不危险"。西方的爱里有力量的残留。东方的爱是四通八达、开阔无垠的。无论哪个方向都能轻松走进来。

这里所说的母性，我个人认为不是至今为止注释者所说的道，也不是"God Head"，而是更加具体的、能动的、有人情味的事物。不过现在没有工夫详细说了。

（原载于1958年12月22日《每日新闻》）

第十三章

近来思考的一个问题

我试着将东方文化和西方文化分开考虑。所谓的东西，并不一定是指地理上所指的概念。只是说有这样的模式。说起来，西方模式和东方模式不一样。把西方模式下规定的法则，照搬到东方模式下，并去对比东西的优劣是不应该的。现在的日本人，好像在这一点上有所混淆。西方就是西方，东方就是东方。如果只考虑其中一方，难免会有偏颇，必须要思考双方如何能恰如其分地相互补充。这才能形成世界文化。今后，仅仅考虑国家差别化、民族差别化是行不通的。保持各文化特有的传统性，在此基础上，或者在这之中必须要包容世界性。在科学化、工业化的世界里，渐渐偏向西方模式。这也是可以的，但是不能为此放弃或忘却东方民族自身原有的东西。这就是我所担心的。可以消亡的应该消亡，但是于己也好于世界也罢，有利的东西，从某种意义上来说，不能消失的东西，就必须要好好保存。不只是保存，还要助其发展，向前迈进，迈向世界市场，让西方的人也能知道它们的好处。

不是我们这边强推给他们，而是要让他们主动要求。我们至今为止，并没有特别意识到这一点，但是能看得到这个倾向。于己方来说，已被此文化熏陶，但是要在这个基础上去强化这个意识。这并不仅仅是民族性的自负，历史上，都是这样发展而来的。因此，这只不过是顺应它而开展罢了。在物质方面、知识方面，混沌而今日复一日地逐渐成为一体，因此，与之相对应的灵性层面的某些动向，我们也必须予以观察。

所谓文化有西方模式和东方模式，与我之前不知在何处所说的思潮分为两种，是同一个意思。一是指天地未分以前，父母未生以前，或者是不生的世界、混沌的世界、用耳看用眼听的世界、在无声的地方听声的世界等等。或者说是逻辑以前、哲学以前、思维以前也可以。可是，应当要注意的是，一旦说"以前"，就会产生想要从时间角度去看的毛病。要特别注意不可陷入这样的坏习惯里。另外，有时候会说无，于是，认为无实际上是与有相对的事物，或是觉得无在有之先，这些都是人类的惯性思维。眼下我想要说的，根本不是这些，而是无即有，有即无，与时间、与逻辑都没有关系的事物。说"天地未分"时，会被"未"字困住，或是思考这之后还未到来的事物。希望这里不要导入时间的概念。要做到这点是很难的。

此外，我还想要指出的是，西方式看待事物的特点是：对待分开以后的天地，他们的态度是冷静沉着的。自我出现以后，观察与之相对的事物——从此开始了一切的思考。因此，一旦提到"不生"，他们就会反驳说，没有这样的事，我们现在不是活着、在运动着吗？要是有人否定他们，说出"生而不生"的话，他们会说"哪有这样荒唐的事"，然后不予理睬。这就是西方模式下的思维方法。而西方式的文化就是置身于这有无、主客、前后等等对峙的世界和纷繁的对象之中，然后从处理它们的地方诞生出来的。归根结底，西方式的特征就是动辄将二元对立的事物，从它的根基开始讨论并开始运作。这与东方模式形成了良好的对峙。两者的特殊的优缺点都是从这里出发的。

西方式的特征是，看见就要马上变为现实。这也是它的优点。因此，做什么事都是轰轰烈烈，令人心情舒畅。今天所谓的物质的进步、工业化的扩大、科学分析的细致入微、社会设施的完善——试着把这些和一百年、五十年前相比，直教人惊叹不已。然而，随之产生的危险性也是巨大的，需要我们警觉。也或许会让我们心惊胆寒。这些都是我们每天亲眼所见、报纸日日报道的事情。

要说它对个人的心理会产生怎样的影响，那就是，各自的心理会以某种形式发生扭曲。如此疯狂的个人聚集在一起，就会引起集团性的、各式各样的变态性。这一点就留给社会学家们去研究了。

而且，这种成熟的扭曲一旦出现在国际政治上，就会表现出无法靠一句"荒唐"就能解决的变态性。因为没有在心底相互信任，只在语言上惯会巧言令色，问题无法得到解决。

尽管如此，观察他们所说的话，从中还能看到些许的理性，因此还有一线希望尚存。只有看到这一点，这篇文章才能写得下去。

西方式和东方式的看待事物的差别，只要看看二者的宗教，就很能理解了。这话是极为粗率的，不过是结论而已，在这里希望读者诸君能够理解。

从基督教的神话中，可以看出其二元性。下面举几个例子为证。

一、存在造物之神，他与所造之物完全不同。二者之间没有共通性。

二、伊甸园里的生活，还没有二元性的意识。也即所谓的无垢。虽然存在多样性，但是如果没有这个意识，可以说就没有事实。然而……

三、受到蛇的引诱，于是有了智慧，也即出现了二元性的意识。然后，亚当和夏娃就被逐出了伊甸园。一旦被逐出去，来到失乐园，伊甸园就和娑婆世界绝缘了。当表示"乐园是不会失去的，我等从未被逐出过乐园。至今我们还肩负着乐园在娑婆的正中央回旋"时，基督教徒会十分吃惊。他们会说这不是基督教。这就是基督教的二元性的立场。

四、人性和神性是完全不一样的东西，因此神将耶稣送往人间。耶稣使得绝对不能相容的事物首度有了合一的可能，这是绝无仅有的现象。普通人不可能成为耶稣。人们被告知，凡人相信神、相信耶稣，这是作为人类最佳的可能发生的事态。可见始终都是二元性的。

五、基督被杀死，没能升天，这不是二元性的结局。一旦死去，就什么都没有了。死去，就必得再生。（以此对比佛教中的无我论，十分有趣。佛祖涅槃后重获生机，不会有十字架上的四苦八苦。）

六、耶稣被钉在十字架上的事件，除了本来的象征意义，还有心理学上的余波在回旋。那就是性的嗜虐性。基督教有着性的倾向，也就是带有两极性的。女修道院里可以看到耶稣本尊死去时凄惨的形象。而在男修道院里，则有圣母玛利亚升天的画像。玛利亚的神话之所以被更广泛地接受，缘于人性的流露。这是理所当然的。

七、施虐性在当今的另一体现，是通过喝耶稣的血、吃他的肉而与基督融为一体的神话。这里除了施虐性以外，也呈现了二元性的全貌。不吃点儿什么到肚子里，就不能与对象成为一体。说事事无碍之类的话，不知道会不会太抽象。对佛教徒而言，对此具体领会和修习到的，就像拂晓天空中的寥寥星辰，就算只是说说，也能窥见其中的不二法门。

八、在基督教中有"终末论"这种说法。有始有终，这应该是二元论的特征。然而有了开始，那么开始了又会如何；有了结束，那么结束之后，又是什么样的呢？这是二元论所不能解决的问题。不考虑这个问题的话，则会堕入只听凭神意的二元不可知论。

九、佛教中存在大智和大悲这种类似二元论的思想。不过，二即是不二，智即是悲，悲即是智，于是，智即是智，悲即是悲，因此这和普通的二元式思维不同。基督教宣扬爱，并且说要爱敌人。虽然基督教的爱是对犹太教律法主义[1]的反对，但是长久以来的二元思维是爱也无法消解的。因为爱这个东西本身就具有二元性，律法性也潜藏其中。基督教说"要爱敌人"。二元论中有着敌人与朋友、左脸与右脸、肉体与灵魂、生与死等概念。斗争性、反抗性、权力性、自我性等等，都是二元论的附属品。

十、人们说尊重个性、拥护人权来自于基督教，其实并非如此。它们是伴随以二元性的思维与行动为基点的西方式的思维方式而必然形成的，和基督教的教义没有关系。另外，尊重个性云云，也是必须进行深入思考的。

十一、还有人说自由也来源于基督教，这是不对的。二元论中是不会有自由出现的。有些人一面行走一面自然而然地呼喊着"自由、自由"，只是因为他们什么都不考虑，才会随便地说出口。基督教中一切都是神的命令。道德也是来自于神的指令。绝对的依赖，根据看法的不同，有时也有着自由自主性。而在基督教中，只要有二元论在，就没有能够这样说的论据。

十二、这里顺便谈一谈所谓的"自由"一词。在西方式

1　犹太教视律法为其信仰之核心，基督教则对犹太教的律法主义有所批判。

的思维中是没有自由的。liberty也好，freedom也罢，这些词都没有表达出自由自主的想法。它们都含有消极性的解放、解脱之类的意义。而包含积极性质的自由、自在、自主等创造性的词汇却并不存在。明治初期，将liberty翻译成日语时因为没有找到合适的文字，所以从佛典中找到了"自由"一词充当译词。不过，在某种程度上，这可以说是误译。在不知不觉间，东方的思维方式出现之时，就可以看到两种模式对照的一面。（顺带指出，在将sympathy译为同情时，不想也出现了相似的情形。）

十三、基督教的神学中所提到的分享（participation），无论怎样都无法实现identity（同一性），这也是二元论导致的。基督教——作为西方式思维与感知方式的代表，是彻头彻尾的二元论。

本应举出与之截然相反的佛教的观点，不过这样一来文章会变得冗长，在此不再赘述，只列举一些仅在佛教中出现的文字。为了充分传达这些文字的含义，希望无论是日本人，还是西方人，都能够认真地听一听。

一、"真空妙有"，这句话在中国是谁最先开始说的，我还没有查证。总之，仅此一句，就道尽了东方式的思维。也可以说成"妙有真空"。

二、"色即是空，空即是色"，或者说"色不异空，空不异色"，这是《般若心经》中的句子，是从印度传来的。《般若心经》认为，空的穷尽之处，或者说它的背面必有色的存在。"空即是色，色即是空"，体现出大乘佛教[1]充满生机的智慧的一面。

三、再回到中国，"圆融无碍"或是"重重无尽"两者[2]均可。这是由静到动的转变。这里有自由，也有创造。二元性的思维中，是不会出现这种无限的状态的。

四、"随处作主，立处皆真"[3]。这一类的说法，如果不贯彻东方式的感知方法，是体会不出的。"日日是好日"[4]"好事不如无"[5]"无事是贵人"。这些完全不是在说"没什么要紧""什么也没有"，而是弄清了在驴事未去，马事到来[6]的究极境遇下如何自处。

五、"如剑指长空，及与不及不是问题"。这是无功用的境界（这里的"境界"，就是指"心境"之类，很难完美地翻译为欧洲语言。还请方家赐教）。剑指长空——这是东方式的。

1　大乘佛教："大乘"指大的马车，佛教中用马车比喻度众生的工具。大乘佛教指能将无量众生度到彼岸。

2　出自《华严经》中"无尽缘起"相关内容，"圆融无碍"指通达自在，没有障碍，"重重无尽"比喻各种现象之存在皆具有无限之关系，互相融摄，互相作用。

3　临济义玄禅师所提出的观念，意为随时随地都不要迷失自己、被外界牵引，同时立身处世即是真实，一切事相都是真如自性的反映，不要于世间之外别寻真实。

4　出自《云门匡真禅师广录》。

5　出自《五灯会元》。

6　出自《五灯会元》卷四："问：'如何是佛法大意？'师曰：'驴事未去，马事到来。'"意谓一波未平，一波又起。

六、有人诘问哲人："离四句，绝百非，请师直指某甲西来意。"和尚答曰："我今日劳倦，不能为汝说，问取吾徒去。"[1]这是不是逃避逻辑和辩证法的回答呢？这与和尚的意志吻合吗？是因为厌烦纠缠不休的争论而完全收起了锋芒吗？先不管这诘问，这究竟指的是什么呢？如果不用东方式的不二的思维，是理解不了这种圆滑自如的境界的。说圆滑自如也有些奇怪，不过是这个道理而已。这并不值得大书特书，它是东方圣人的日常。

七、"心中无事，事中无心"，这也是很难得的一句话。从我目前的心境来看，东方式，不是一元、二元或者不二，仅仅贯彻一个"空"字，或是一个"无"字就可以了。不过，这种贯彻并不容易做到，总是无法直达内心。应该是无法到达。本来就没有底的篮子，无论放进多少东西都是够不到底的。在这没有底的底上，永无止境地贯彻时，就会成为真正意义上的无与空。没有任何的哲学或逻辑。相反地，哲学和逻辑会由此而生；科学也好，神学也好，也由此而生；个人、团体，以及人们的生活，都由此而生——正所谓"只这是"。

西方式从时间维度来讲，是一分为二以后产生的思维方式。原本思维方式就是二元的，当然在二分以后才会形成。然而，东方式的思维一方面看到这种分裂，同时也没有忘记

1　该公案节选自《碧岩集》卷八第七十三则。

在其内部还有未分的部分。他们会将二分当作未分的部分来观察。先看未分，然后再进行分别。而西方式的思维会以二分后的结果为基础，然后再进入未分。思维的方向与东方是完全相反的。东方是先从未分出发的。即便是默不作声，人们都会从无声之处去捕捉声音。

有人要问："这有可能吗？"问得很有道理。虽说肯定是以二分为基础进行思考的，但是在划分的时候，如果没有顾及没有分开的部分，那么这个划分也就没有意义。在说有限的时候，其中已经有了无限。而无限也可以说就是有限。这个划分可以看作是未分。这样一来，就会产生矛盾，处于矛盾中是无法形成逻辑的，也就无法继续生存下去了。这里有着西方式的思维。虽说无法生存下去，还是一天天地存活着；虽说继续不下去，还是在持续着。领会不到这一点的，正是西方式的思维。只不过，虽然说着"领会不了，领会不了"，却整夜在池塘边徘徊；东方则与之相反，不管怎样，先跳入池塘。矛盾也好，其他也罢，都没有关系。还没跳下去时，一切都毫无把握。东方的这种做法有轻视生命之嫌，也许确实如此吧。不论是无底深渊还是其他，都毫不迟疑地跳下去。也许，"神风"[1]的心理就是从这里生发出来的吧。这是东方式

---

1 "神风"：最早在《日本书纪》的《垂仁纪》中出现。1274年和1281年，元军两次攻打日本，都因为遭遇海上风暴而被迫撤退。当时禅宗流行，日本人认为是"神"制造了这些风暴，阻退入侵者。"神风"一词便用于指这两场风暴。日本在"二战"期间曾经组织"神风特攻队"，"神风"一名亦由此而来。

思维的挥霍与滥用。应当用西方式的方法，彻底考虑清楚以后再去施行。不管怎样，东方式的思维不是一种思维，它所生发出来的问题是无法直接觑破的。在这里，我希望最近日本的年轻人（或是稍微年长一些的人）能够不断地反思。

据说最近西田哲学并不流行。流行或不流行都没有关系，西田先生的伟大之处在于，他在东方模式的基础之上，自由地运用了西方模式。这也是他始终在阐述的地方，不过，现在日本的哲学家，只看西田哲学西方式的那一面，但未曾注意到背后深深蕴含着的东方模式的一面。因此，要了解西田先生，不能只看哲学，而要挖掘背后的一面，然后沿着哲学的方向行走。

西田哲学中有一句很有名的话，就是"绝对矛盾的自我同一"。如果是绝对矛盾的话，既没有自我，也没有同一，就那样在对峙中无限地持续下去。西田大胆地把它变成了"自我同一"，是一种所谓的逻辑飞跃。这就是真宗哲学中所谓的"横超"。它是怎样诞生的呢？这是一个问题。接下来的这段话我忘记是从谁那里听到的了，是说西田先生曾经讲道，"为了悟清自己的哲学，将'绝对矛盾的自我同一'等一句一句，或是说一字一字，不要将句子断开，一口气把'绝对矛盾的自我同一'像念诵佛号那样吟唱出来"。

没有比这更有趣的说法了。西田哲学的渊源就这样完全地揭示了出来。念诵佛号时出现"绝对矛盾"云云有点不合逻辑，作为佛号很难理解。但是，可以充分地看出西田君的意图，意想不到地有趣。我第一次听到这话，一边拍着手一边呵呵大笑说："你深得我意!"说到佛号，还是真宗的念法比较好。人们喊着"南无阿弥陀佛"，往生极乐净土。没有融入一丁点的时间性。"一念须臾之间，迅疾超证无上正真道"，这才是真宗的立场。如果不把"绝对矛盾的自我同一"变成"南无阿弥陀佛"，就无法成佛。成佛以后，可以找任何自己喜欢的借口。黑格尔也好，克尔凯郭尔也好，海德格尔也好，萨特也好，甚至蒂利希也好，任何人的观点都可以摆出来，击败其他人。把西方模式作为基础，要说接下来会怎么样的话，作为东方人，是没办法对世界文化做出贡献的。虽然还是跟着西方的模式走，然而，不要忘记，我们也站在独立的前沿。"南无"是机，"阿弥陀佛"是法，而名号本身，则是机法一体，从此处往生的。这是第二义。首先，要贯彻"南无阿弥陀佛"。这是真宗。西田式的真宗也说"绝对"怎样，"矛盾"如何，将"同一"或是不"同一"等等丢进地狱的最底层，若是诚心地唱诵"绝对矛盾的自我同一"，即刻会触及生命的真相。"绝对"云云作为名号来说，有点过长，意义也太复杂了些。这样的话，也可以用"南无阿弥陀佛"代替。换成"赵州无字"亦可。用唯一念代替也可以。往生的时刻是自然而至的，不必等待它的到来。东方式的思维，就是站立在从这"一念"，或是"一声"，又或是"无念""无心"处奔腾出的不分昼夜、滚滚东流的涛头上。不，先成为潮流，东方式的思维才能成立。希望西方人也好，东方人也好，都能明白这一点。把"绝对矛盾"云云说成"南无阿弥陀佛"的西田，实际上是东方式思维的典型。

我以为观察东方模式的思维是怎样出现的也很有趣。现在仅仅能提供一丝线索而已。我相信，一开始是在印度，后来传到中国，接着来到日本，并最终完成。特别是中国人负担了很多。中国在这一点上很了不起。我希望能够做点什么，不让这一传统被忘却。最后要说的是，从耳闻、目睹之处部分进入的并不是存在本身。通过媒介的话，它们带有抽象性。将存在本身，原封不动地抓住，这才是存在本身。然而如果不觉醒于自身的自觉，是行不通的。东方式的思维是从这里涌现出来的。如果不成为它，就不会明白它。西方式的思维认为这样的事是可能的，这也不错。不过，不能一味地纠缠于此。那该如何是好呢？这里有诚心的唱名[1]。

中国人令人不可思议的是，他们有一种将事物原原本本地接受的心理。语言不是表音式，而是一边变化着象形式，一边保持着传统不曾丧失。而且，还使用了很多叠词。叠词中，感性的冲动多于分析性。对此，尽管我很想一一举例予以说明，还是期之以他日吧。

不管怎样，中国的文字包含着深刻的意义。因为难以与

1　唱名：佛教用语，意谓唱诵佛号。

现代文化相调和，所以也有令人为难的部分。然而，我还是希望不要丢失掉中国文字本身所蕴含的价值。

在日本，汉字模式与表音模式错综混杂，这一点很有意思，灵活地运用了东方和西方的思维方式。

日本文化、日本思维的作用，或许就在于将西方模式与东方模式融会贯通，使其达到世界性的境界。

最后值得记述的内容，似乎与前文有些偏离，其实是它的延续。希望大家可以这样看。

《庄子》中讲述了一个叫作混沌的怪物般的东西的故事，这则故事很有趣。有人因为受到了它的恩惠而想要报答它的恩情，就给这个怪物凿开了眼睛、鼻子和耳朵等等。等到七窍都凿开后，这个怪物便死了。虽然我们无法得知在这篇寓言背后，庄子想要传达怎样的思想，然而今天我们用自己的头脑去思考的话，可以明白这之中有着深刻的意义。

而要说这意义是什么，我认为与当下心理学者们所谓的无意识相当的思想，就藏在这意义的背后。过于偏向心理学的话也有可能被人觉得奇怪，不如从存在论的角度讲，说这就是全体性。所谓的全体性，指并非像眼睛、鼻子等掌管特殊功能的身体的一部分，而是起着接受身体的全部存在的作用。就像眼睛看东西、耳朵听东西这样的安排一样，全身作为整体，有着从外部接受的所谓全部感觉，有着以所谓的自我——以身体为其象征，即身体全部——来接受，并开始行动的能力，或者说具有这样的作用。因为是全面的，所以将其赋予像听、看之类的特别的名称，也是为难的事情。但是这些都是自古以来就有的想法。

东方——这里指中国和日本等地——在那里，这种作用一般被称为"心"，或者是"腹"。这种叫法十分模糊，难以抓住要领。从知识的角度来看，也有人称之为直觉或是直感，但这又偏向知识性，缺乏了能动性。因为在那里看不到创造性的东西，所以过于理性，也即变得过于抽象了。结果便成为书籍里谈论的语句。相比起来"腹"这个词就具体了许多，不过以现在的解剖学来看，用腹部听、看、行使作用等，不过是一种修辞手法。在日本有一个词语叫作"腹艺"，也可以说成"气定神闲"。把这种人画成画的话，就会成为大腹便便的布袋和尚一样的人物。如果要画的话，大概就是这样吧，但如果把它再放到实际中，就会变得非常奇怪。不过这个"腹"的背后包含的意义，倒很值得我们品味。

记得在哪本书上看到过这样一个故事：一个美国或是欧洲的人对一个非洲还是哪里的土著说："我们用脑袋来思考。"土著说："那真是疯了，我们用肚子来思考。"这便是《庄子》中的混沌，相当于今天所谓的无意识，也就是东方人所说的"心"。要说"心"在哪里的话，就在胸部或腹部。我们可以说头是离开身体的存在，但胸部和腹部有着人的全部内脏，也就是人体的主要部分。如果说人的手脚代表动态方面的话，就不得不认为"腹"代表着人类存在的全面。人的头上长着眼睛、鼻子、耳朵等，是智力器官所在之处，因此也不是不能将其看作是抽象的附属物。当我们"内心战战兢兢""肚子里翻江倒海""提心吊胆""九曲愁肠""肝肠寸断"的时候，也就是个人的全部存在都被强迫感所侵犯的时候。正因如此，也可以将腹部看成整个身体的象征。也就是说，"满腹之人"[1]可以看作是"人格高尚者""达到成熟境界的人"。武士之所以切腹自尽，应该是因为他们将腹部看作个人全部存在的缘故吧。

有一首歌这样唱道："用耳朵来看，用眼睛来听。如果能做到的话，从屋檐落下的水珠声将多么的动听！"尽管这首歌颠倒了五官的功能，却依旧使人感受到"屋檐落下的水珠"的自然性，凭借的正是个人的全部存在，也就是"混沌"，和所谓的"心"。微风拂过幽松，若用腹部来倾听，那声音必定是最好的。这个"腹"里有着天地未分以前的声音。非洲的土著能够很好地分辨出这种声音，比起文明人更加分辨得清。只是，在还没能够把它拿到意识层面上的时候，还需要更进一步的努力。所谓的文明人，完全忘记了这种声音。如果不回本溯源地去倾听的话，他们的文明或是文化将只能朝着越发抽象、概念化、机械化、大量生产化，以及共产主义整体的方向发展，而不得不越发背离个人性、自由性、创造性及人性了。

我自己平常会说："西方人发现事物的区分是很敏捷的，今天的文明、文化都是由此发源并发展起来的，并风行于全

1　此处的"满腹之人"（腹のできた人）在日文中既可以指大腹便便的人，也可以指有谋略、有度量的人。

世界。不过仅凭这一点，将只会陷入自取灭亡的境地。"也就是说，西方人忘记了"腹"，没能贯彻事物的未分性，只是汲汲于扼杀混沌，使混沌原封不动，并且总是急于让其发挥作用——事实上如果不这样的话，就不会发挥作用——让它变得容易怠惰。东方人必须对此加强警戒。在东方文化的根基上，天地未分以前，逻辑和哲学还未产生的时候，存在着一物，我们怀着对它的意识一路走了过来——这是不可以忘记的。然而今天日本的年轻人，甚至是上了年纪的人，都忘记了这是拯救当今世界的大福音。其实这并不仅仅是日本或东方的问题。

（原载于1960年11月号《心》）

第十四章
日本人的心

一

"心"这个字有很多含义。然而现在我并不想尝试从科学分析的角度去一一了解，只是把它有很多含义这件事先说在前头。然后，姑且查一查"日本人的心"这句话里的心，指的是什么。

关于心的问题，讨论得最热烈的要算是禅了吧。禅就是围绕着这个问题才得以延续。我先引用近代大禅学家至道无难禅师的歌，来尝试阐明心为何物。

一般情况下，心和身体是分开讨论的。人们认为，心存在身体里的某处，支配着身体。然而，事实常常是这样的：心为身体所支配的情况也很多见。无论是哪种情况，我们的一般想法就是，心和身体是各自存在的。然后，至于心的真实形态，就不会另外去思考了。身体的话，因为我们有五官，可以用眼睛去看，去触摸皮肤，"原来是这个啊"，于是，马上就能明白。心，却没有这样伸手可及。因此，心虽存在，但那真实形态却不能像外物一样，通过五官来具体感受，在有和无的中间摇摆。我暂且先这么总结吧，心是个不可思议的存在。于是慢慢产生了这样一个习惯：将肉体上无法呈现的事物全都归纳于心。这是非常模糊不清又十分不科学的，然而一般情况下也就这样妥协了。

无难禅师的歌里有这样一段话：

　　　心亦无，身亦灭
　　　一切言行
　　　皆顺其自然

这是将《般若波罗蜜多心经》的宗旨用一句话总结的吟歌，是"色即是空，空即是色"的精髓所在。无难想说的是，从今往后，人们做出各种各样的行为。万物皆空，但这个空不是指完全没有烦恼的无心，而是指其中包含着无限可能。也是所谓的万德圆满、不增不减。从空之中，无限的动力不分昼夜，源源不断地涌了出来，这是如此不可思议的空。也能用"大用现前，不存轨则""心随万境转，转处实能幽"来表达。"转辘辘地"就是用来形容它的。无难又说：

　　　身体消失，心也消失，行走于世
　　　即便走在剑上，也毫无阻碍

这正是身心脱落、脱落身心的时节。然而这并不是说身

228

心一起消亡，而是身体和心都维持原状，如此一来，一切皆为空。但是，只有空的话，是无法发生变化的。不能忘记"空不异色，色不异空"。

下面这句不是出自无难，我一时想不起来这是谁说过的话。

> 心，才是迷惑内心的存在
> 对心，切不可粗心大意

这里的心有双重含义，被迷惑的心和迷惑人的心。从心本身来看，迷惑人和被迷惑都是无，但若是踏入空的领域里，便可以区分为能所这两条道路。区分开就是去迷惑和被迷惑。机轮不是静止的，它会周转，这才是机轮，但要是过分在意转动处，就会在无限迷茫的世界里辗转反侧。努力记住消失又不会消失的事物，这就是所谓的修行。但是修行不是单向的，不可忘却那些不会消失却又消失了的事物。

> 你会感到苦恼，然而那是因为
> 身为心所轻视

被轻视确是苦恼，但若是没有轻视，苦恼和喜悦便都不存在。身体和心也都不存在了。身心皆存，而后在身心皆无之处，才有所顿悟。心虽只有一个，但要是没有身体，这仅存的唯一也将平白无故地终结。不仅如此，还会停滞在这个唯一上，然后连这唯一也将失去。我们应当留意，它既不是由二而来，也并不守护着一，它不负面，不消极，实在是生机活跃的根基。

天神的歌里唱道：

心诚所至
　即便不祈祷，神也会庇佑

这个诚就是心原本的性格。与其说是性格，不如说是心原本的面貌，也可以说是神的随波逐流。所以像"守护""祈祷"这些都是不需要的。我想表达的是，保持原样，一成不变，那才是心本来的模样。

总之，将心分为两类，将陷入迷茫的心作为普通心理学的研究对象，称为意识或是情感。"日本人的心"的话，指的就是这种情感。

不过，有一件事我得说在前头。一般情况下我们所说的心，是将心理学上的心，和上文提到的存在论里的心，二者混为一谈后的事物。这是因为东方，也就是日本和中国，认为"心才是迷惑内心的存在"，素来把二者视为同一物。这么一想，却也有合理之处。在此就不做深究了。

二

　　心，从存在论的角度来看，是没有东方西方、古代现代的区别的。但如果从心理学的角度来思考，就会出现时间差和空间差。"日本人的心"这个说法也就能够成立。

　　如果把心作为一个综合了心理学作用的整体来看，有各种各样的条件和心紧密相连。比如环境条件、生物学上的束缚、社会传统及宗教旧习等等，都与其有所关联。尤其是宗教旧习、常规或是传统这类事物，深深渗透到了各国国民或民族的心理构建当中。这是我们必须承认的事实。

　　宗教传统中有许多要素。其中最出名的几项如下。这是无难对于某个人不理解"佛之常在"这一问题给出的回答。"如今，若要说妙为何物，则妙是无念。这才是充盈天地之间的奥妙，是世尊常在之家。"意思就是"佛的常在或者说常在，指的是当下天地无念之妙处"。无念即是心的真实面貌。再进一步说，也可以说是"无心之心，心之无心"。这句话里便有"玄之又玄，众妙之门"的意味——这个道理是东方特有的直观感受，其他国家，特别是在西方人的传统中是不存在的。

这里继续引用无难的话，内容如下：

"妙难以言说。打个比方，如果对着人说上一天，也说不完妙。对方漫不经心地边听边点头，忘却了万法，心境平静。离开之后就忘了自己听了什么。此即是妙得以形成之处。"

无难将妙与心当作同一意思使用。他说"妙为心，念为身"。

心和念，有时会混杂着一起用。此说的念，应该归为心理学上的意思。妙心之内，从这个方面来看不存在念。无难又继续说道：

"妙充盈于天地，且切实存在于我们自身。可云事成妙即成……达到妙的境界便可成佛，也就是世上最可贵的至极。因此，若是有些许思量分别，那就不是妙。"

换言之，只要有一点念的因素，就不能获得对妙的直观感受，因此也无法掌握心。思量分别是心理学事物的本体，和妙心是恰恰相反的。但是，如果把这个心当作分类外的其他事物，它又会成为被分类的对象，就不再是心了。似有似无，若隐若现——这就是妙。彻悟妙时，就会感受到东方的（包括日本的）特质，是无分别的直观感受。这个直观感受与感情有着相通之处。其中潜藏着危险因子，会让妙发生歪曲，被视为言行直率。必须擦亮双眼辨别二者。感情里，还残留着不是妙的因子。那是分别思虑的残渣。心的妙里是没有它的。

我好像描述了不少与眼下这个问题关系甚远的事，但我想说的就是，日本人的"心"里寄宿着这种称为妙的东西。这个"心"里掺杂了很多心理学上的因素，若是将这些因素一层层剥开，思量分别性质的事物便会消失，触碰到赤裸裸又坦荡荡的妙的本体。西方人心中，客观上有着想要拜见神明的欲念。而日本人心中，更常见的是内向性。即使是没什么文化修养的人身上，也具备这种内向性。这与理智的西方人截然不同。会在日本人的心上发现缺点，是因为它太轻视分别性。如果只往其中一方面增加重量，就会失去同其他方面的平衡。要是偏向于内向性的无念或无分别性，其缺点便会在感情的无分别这里暴露无遗。日本人热情过剩却缺乏思想，就是肇始于此。

　　从这个意义上来说，日本人还没脱离少年阶段。因为成熟这个词的意思就是理智分别的发展，思想浅薄的日本人的大脑被批评尚未脱离幼儿性，所言极为中肯。作为日本人，我们不得不认真考虑这个问题。

　　日本人尽管在东方范围内也可称得上擅长科学性的技巧，但在正确度和精细度上，依然普遍有所欠缺，这是不容置疑的事实。关于这点，我们要谦虚地汲取西方的事物，汲取科学性、工业性、分别性、辩证性的事物。这之中乍一看好像没有妙，那是因为我们只看到了事物的痕迹。充分了解后就能看清，在产生分别的地方，妙就存在于天地之间，人类万事之中。

人一旦触及妙，就会耽迷、执着、沉溺于此，忘了要运用这个理论。日本人的心里存在妙的传统，所以关于妙的探究随处可见。也因为数量太多，反而容易被忽视。

惶惶浮世间，一成不变
佛不问万物

不让一成不变的妙一成不变，在它无法一成不变的时候，也应当关注它。不要让日本人的心停留在空间的、静力的地方。相反，我们必须要让它在时间轴上转动，让它"转辘辘地"。今天的日本，还有很多封建的、岛国的思想不时涌动。这些都是静止性习惯的余毒。今天的世界早已不是过去的世界，不是战前的世界。科学发展，技术进步，连思想也在跨步向前。思想紧紧追随其后，只是做到这样还不够，世界在逐渐融合的过程中也在发生变化。为了顺应变化，日本人的心必须活跃起来，不该一直被囚禁于感性。妙总是存在于动之中。若是忘了这点，总是活在封建时代、锁国时代的梦里是不行的。人类的进化过程现在也面临着一个转机。

日本人的心，有着重视妙心的传统，所以我们要顺应这点，时时刻刻都要认清动态的妙，不要忘了让妙运转起来。

（原载于1961年1月号《淡交》）

图书在版编目（CIP）数据

东方的智慧 / （日）铃木大拙著；陈文佳译. — 北京：北京联合出版公司, 2021.12（2022.7重印）

ISBN 978-7-5596-5634-6

Ⅰ.①东… Ⅱ.①铃… ②陈… Ⅲ.①东方文化—文集 Ⅳ.① K103-53

中国版本图书馆 CIP 数据核字 (2021) 第 213810 号

东方的智慧

作　　者：[日] 铃木大拙
译　　者：陈文佳
策划机构：雅众文化
策　划　人：方雨辰
出　品　人：赵红仕
策划编辑：蔡加荣
特约编辑：马济园
责任编辑：刘　恒
装帧设计：郑　晨

北京联合出版公司出版
（北京市西城区德外大街83号楼9层　　100088）
北京联合天畅文化传播公司发行
山东临沂新华印刷物流集团有限责任公司印刷　　新华书店经销
字数125千字　　1092毫米×787毫米　　1/32　　7.5印张
2021年12月第1版　　2022年7月第2次印刷
ISBN 978-7-5596-5634-6
定价：52.00元